A Invenção do Exército Brasileiro

Celso Castro

A Invenção do Exército Brasileiro

ZAHAR

Capa
Sérgio Campante

CIP-Brasil. Catalogação na fonte
Sindicato Nacional dos Editores de Livros, RJ

Castro, Celso, 1963-
C35i A invenção do Exército brasileiro / Celso Castro.
— 1ª ed — Rio de Janeiro: Zahar, 2002.
(Descobrindo o Brasil)

Inclui bibliografia
ISBN 978-85-7110-682-6

1. Brasil. Exército – História. I. Título. II. Série.

CDD: 355.00981
02-1520 CDU: 3355(81)

EDITORA SCHWARCZ S.A.
Praça Floriano, 19, sala 3001 — Cinelândia
20031-050 — Rio de Janeiro — RJ
Telefone: (21) 3993-7510
www.companhiadasletras.com.br
www.blogdacompanhia.com.br
facebook.com/editorazahar
instagram.com/editorazahar
twitter.com/editorazahar

Para meu filho
Antônio
Em memória do meu avô
também Antônio

"*Porque a vida, a vida, a vida,*
a vida só é possível
reinventada."
Cecília Meireles

Agradecimentos

A pesquisa que deu origem a este livro foi apoiada pelo CNPq e pela Faperj. Contei com a dedicada e eficiente colaboração de Dulcimar Dantas de Albuquerque e Marisa Schincariol de Mello, bolsistas de iniciação científica do CNPq/Pibic. Agradeço também a Adriana Barreto de Souza, Karina Kuschnir, Piero Leirner e Sérgio Murillo Pinto, que generosamente se dispuseram a discutir comigo aspectos da pesquisa, e ao Arquivo Histórico do Exército, pela cessão de imagens de seu precioso acervo. Gilberto Velho, mestre e amigo, tem sido interlocutor constante sobre o tema deste livro.

Sumário

Crédito das ilustrações

1. Acervo do Arquivo Geral da Cidade do Rio de Janeiro.

2, 6, 7, 8, 9, 10, 11, 14. Acervo do Arquivo Histórico do Exército.

3. AC&M Editora. Reproduzido do livro *Agulhas Negras. Tradição e atualidade do ensino militar no Brasil*; foto de Oswaldo Forster.

5. Revista da Escola Militar n.37

12, 15. Foto do autor.

13. Homepage do Exército (http://www.exercito.gov.br)

Introdução

Quem assiste a uma cerimônia de formatura dos novos oficiais do Exército brasileiro na Academia Militar das Agulhas Negras, em Resende (RJ), dificilmente deixa de sentir-se imerso na atmosfera de tradição que cerca o evento. Vários elementos sugerem a herança de um passado imemorial: o espadim, cópia em miniatura da espada de Caxias, patrono do Exército; a entrada de cadetes no pátio principal trazendo bandeiras e estandartes; a aparição dos formandos vestindo uniformes históricos. No entanto, todos esses elementos são bem mais recentes do que pretendem parecer e, além disso, foram conscientemente inventados.

Perceber essa dimensão de invenção cultural numa instituição como o Exército, que cultua justamente seu caráter tradicional, quase intemporal, não é tarefa das mais fáceis. É preciso, em primeiro lugar, desfazer-se de uma visão substancialista e naturalizada sobre as noções interdependentes de identidade e memória. É um equívoco atribuir a essas noções o *status* de "coisas" que possam, por exemplo, ser "perdidas", "encontradas" ou "resgatadas". Elas não possuem uma existência fora das interações sociais em que são atualizadas, nem podem ser compreendidas fora do tempo. Não são objetos naturais e sim construções culturais necessárias para que os indivíduos possam interpretar e classificar a realidade.

Este livro é sobre a invenção e institucionalização de três importantes tradições do Exército: o culto a Caxias como seu patrono, as comemorações da vitória sobre a Intentona Comunista de 1935 e o Dia do Exército, comemorado em 19 de abril, data da primeira Batalha dos Guararapes. Concentro-me nessas comemorações mais estritamente militares, deixando de lado outras, mais nacionais, como a do Sete de Setembro. O livro pode também ser lido como um estudo sobre rituais, memória e identidade. Essas cerimônias e símbolos permitem, através da evocação do passado, construir a identidade social do Exército, o sentimento de algo que permanece para além das mudanças. Nesse processo, o próprio Exército inventa-se enquanto instituição.

É necessário precisar desde logo o sentido em que uso a palavra "invenção". Não se trata, em absoluto, de uma acepção do termo que denote algo supostamente falso ou mentiroso, por oposição a algo autêntico ou verdadeiro. Não há, portanto, qualquer julgamento de valor negativo envolvido na escolha dessa palavra.

Minha perspectiva é parcialmente inspirada pela noção de "invenção das tradições", consagrada por Eric Hobsbawm. Segundo esse autor, trata-se de fenômeno encontrado nos mais diversos países e contextos históricos, podendo também ser patrocinado por diferentes agentes, desde o Estado nacional até grupos sociais específicos. Comum a todos os casos seria a tentativa de expressar identidade, coesão e estabilidade social em meio a situações de rápida transformação histórica, através do recurso à invenção de cerimônias e símbolos que evocam continuidade com um passado muitas vezes ideal ou mítico.

Afasto-me entretanto da concepção original de Hobsbawm num sentido importante: não oponho tradições "inventadas" a outras vistas como "tradicionais" ou "genuínas". O uso que faço da idéia de "invenção" busca, ao contrário, enfatizar o caráter de *permanente* invenção da cultura humana. Mais correto seria falarmos de uma *tradição da invenção*, pois esses elementos simbólicos são permanentemente reinventados e atualizados em diferentes contextos históricos. Ao mesmo tempo, existe o esforço cultural oposto de "cristalizá-los", tornando-os reconhecíveis para os indivíduos. Essa dialética de invenção e convenção é um processo sempre inacabado.

É importante ressaltar que a invenção cultural não se dá num terreno absolutamente livre e sim num campo de possibilidades histórica e culturalmente limitado; o passado é recriado por referência a um estoque simbólico anterior e precisa guardar alguma verossimilhança com o real, sob risco de não vingar. Além disso, buscarei sempre destacar o diálogo que essas três importantes tradições do Exército estabelecem com diferentes contextos históricos. As duas primeiras a serem examinadas — a de Caxias e a da Intentona — surgiram nas conturbadas décadas de 1920 e 30. Não foi por acaso que isso aconteceu. Todo o período foi marcado por profundas divisões no interior da instituição militar, já visíveis desde o golpe de 1889 e os primeiros anos da República. Nos anos 20, essas divergências levaram a uma série de revoltas "tenentistas" — 1922, 1924, Coluna Prestes — que culminariam na Revolução de 30. Esta não representou, de forma alguma, a obtenção de um consenso no interior do Exército. Nos anos que se seguiram, ocorreram sérios conflitos internos, motivados por divergências doutrinárias, organizacionais e políticas. Dezenas de movimentos (incluindo agitações, protestos e revoltas) abalaram o Exército entre 1930 e a instauração do Estado Novo (1937-1945), quando finalmente se consolidou um projeto hegemônico para a instituição, em torno de Góis Monteiro e Eurico Gaspar Dutra. Mas mesmo esse projeto encontrou fortes resistências internas.

A integridade institucional do Exército foi, portanto, durante todo esse período, uma questão em aberto; solucioná-la tornou-se o objetivo principal de diferentes atores individuais e coletivos. Uma característica importante porém pouco estudada desse processo é que a definição da identidade do Exército também envolveu a adoção de um conjunto de elementos simbólicos inteiramente novos. Mais do que a "reorganização" de uma instituição fragmentada após décadas de clivagens organizacionais e ideológicas, o que ocorreu foi a *invenção* do Exército como uma instituição nacional, herdeira de uma tradição específica e com um papel a desempenhar na construção da Nação brasileira. Vencidas as resistências internas e externas e os projetos alternativos, chegou-se a um arranjo organizacional e simbólico que vigorou, com poucas modificações, por mais de meio século.

Entre Caxias e Osório: a criação do culto ao patrono do Exército

Luís Alves de Lima e Silva (1803-1880), o duque de Caxias, é oficialmente cultuado como Patrono do Exército. No dia de seu nascimento, 25 de agosto, celebra-se o Dia do Soldado. Entretanto, Caxias morreu em 1880 e só em 1923 o Exército passou a cultuá-lo oficialmente. Durante quatro décadas, a principal comemoração militar brasileira ocorria no aniversário da Batalha de Tuiuti (24 de maio de 1866), a maior da Guerra do Paraguai, tendo em Manuel Luís Osório (1808-1879), comandante das forças brasileiras, seu principal herói. A partir da introdução oficial do "culto a Caxias" em 1923, nas décadas seguintes ocorreu a substituição de Osório por Caxias como modelo ideal do soldado brasileiro. Vejamos esse processo de institucionalização do culto a Caxias no Exército, ponto focal de um conjunto de investimentos simbólicos da elite militar nas décadas de 1920, 30 e 40.

Osório e Caxias podem ser considerados, sem grandes divergências, as duas principais figuras militares do Império brasileiro. Eles foram monumentalizados em estátuas eqüestres no Rio de Janeiro, encomendadas ao escultor Rodolfo Bernardelli em 1888 mas inauguradas somente já na República: em 1894 a de Osório, na Praça XV de Novembro, onde permanece até hoje; e em 1899 a de Caxias, na Praça Duque de Caxias, antes conhecida como Largo do Machado (nome que depois recuperaria).

É interessante observar que só mais tarde os heróis republicanos ganhariam estátuas: Floriano Peixoto (1904), Benjamin Constant (1926) e Deodoro da Fonseca (1937). Essa monumentalização tardia pode ser explicada pela intensa disputa e falta de consenso entre diferentes grupos republicanos nos anos iniciais do novo regime, inclusive a respeito de qual o principal herói a ser cultuado: Benjamin, o Fundador; Deodoro, o Proclamador; ou Floriano, o Consolidador.

Embora tenham sido feitas pelo mesmo escultor e na mesma época, as estátuas de Osório e Caxias possuem diferenças marcantes (imagens 1 e 2). A de Osório, feita com canhões derretidos que haviam sido utilizados na Guerra do Paraguai, consagra a imagem de um guerreiro. Seu cavalo está em movimento e Osório, em uniforme de campanha, segura com uma das mãos as rédeas enquanto a outra empunha a espada no ar. Na base da estátua estão representados seus troféus militares, o poncho que costumava usar e sua espada de campanha. A localização da estátua, na Praça XV de Novembro, vincula a lembrança de Osório à República, que o exalta como modelo de soldado-cidadão.

A estátua de Caxias é, acima de tudo, a de um aristocrata e de um estrategista. O cavalo está estático, sem movimento. Caxias segura com uma mão as rédeas e com a outra um binóculo. Na frente da estátua estão representados o brasão ducal, a coroa e as armas. Osório também recebeu título de nobreza — marquês do Herval — por seus feitos militares, mas isso não aparece representado em sua estátua. Enquanto um será geralmente referido pelo título nobiliárquico, duque de Caxias, o outro quase sempre será chamado pelo nome próprio, Osório.

Nas três primeiras décadas republicanas, Osório desfrutava de amplo prestígio no Exército e era o personagem histórico mais comemorado. Sua lembrança estava fortemente vinculada à da Batalha de Tuiuti, que passou à memória militar como a maior batalha campal travada em terras da América do Sul. Dentre todos os chefes, sobressaía a figura de Osório, comandante das vitoriosas forças brasileiras. Foi em frente à sua estátua que passou a realizar-se aquela que seria por várias décadas a principal comemoração militar brasileira. Falar de Tuiuti, nossa maior batalha, era falar de Osório, nosso maior herói militar.

A instituição oficial de uma festa a Osório ocorreu em 15 de novembro de 1901, quando o presidente Campos Sales baixou decreto criando a medalha do mérito militar e fixando sua data de entrega no aniversário de Tuiuti. No dia 24 de maio do ano seguinte realizou-se pela primeira vez a cerimônia. Após um desfile militar na Praça XV, em continência à estátua de Osório, os festejos continuaram com a entrega das medalhas no salão nobre da Secretaria da Guerra. A cerimônia passou a ocorrer todos os anos, sempre em frente à estátua de Osório, com a presença do presidente da República, bandas de música, formatura de tropas, bandeiras e palma de louros, salvas de tiros e desfile em homenagem ao grande brasileiro. Não se tratava de comemoração restrita à capital federal: comemorava-se o 24 de Maio também em unidades militares espalhadas por todo o país. Os jornais muitas vezes referiam-se à data como "Dia do Exército" ou "Festa do Exército". Osório era invariavelmente retratado como o maior herói de Tuiuti e o mais popular dos generais brasileiros.

Em contraponto ao relativo esquecimento de Caxias (lembrado apenas de forma episódica, como no centenário de seu nascimento, em 1903) temos, portanto, uma celebração anual a Osório como herói principal da mais importante data militar brasileira. A maior popularidade e carisma de Osório frente a Caxias eram inquestionáveis. Eugênio Vilhena de Morais, membro do Instituto Histórico e Geográfico Brasileiro que em 1923 teve a iniciativa de propor uma comemoração oficial de Caxias, reconhecia que:

> [Caxias] não ganhara, porém, talvez nunca na alma popular essa auréola legendária, esse entusiasmo, esse

> ardor que chega às raias do fanatismo. ... Calmo, sereno, sofredor, disciplinado, aparentemente impassível, faltou-lhe, honra lhe seja feita, para impressionar com viveza o espírito das massas, esse desequilíbrio, tão comum nos grandes homens, que assinala para elas a sua grandeza em tudo, até mesmo nos piores excessos e aberrações da ordem moral.

A proposta contou com a rápida adesão do ministro do Exército, general Setembrino de Carvalho, que baixou, em 25 de agosto de 1923, aviso em que, "para servir ao culto das nossas tradições, ... a exemplo do que se pratica com Osório e Barroso", determinava que se homenageasse Caxias. A partir daquela data, aniversário de Caxias, deveria realizar-se, a cada ano, em caráter permanente, uma "festa de Caxias", com formatura de tropas do Exército em frente à sua estátua, às quais deveriam somar-se destacamentos da Marinha e da Brigada Policial. É interessante observar a referência que o ministro faz aos cultos, que já se praticavam, a Osório e Barroso (herói maior da Marinha), e o fato de a nova homenagem ser instituída em caráter permanente.

Em 1925, o dia de nascimento de Caxias passou a ser, conforme aviso ministerial, oficialmente comemorado como Dia do Soldado. A transformação da festa de Caxias em festa do soldado servia para vincular, simbolicamente, uma categoria genérica — o soldado brasileiro — a seu guia. Nesse mesmo ano, Caxias também aparece como "patrono" de uma turma de oficiais formada na Escola Militar do Realengo. A "Turma Caxias" foi a primeira a ser "batizada" com o nome de um patrono. Seus integrantes haviam ingressado na Escola Militar no início de 1923, quando ela estava praticamente vazia devido à expulsão dos alunos das turmas anteriores envolvidos na revolta "tenentista" de 5 de julho de 1922, que agora serviam na tropa como soldados. Segundo o depoimento de um antigo integrante dessa turma, o general Aurélio de Lyra Tavares, a idéia original de "batizar" a turma foi do coronel francês Pierre Béziers La Fosse, que se encontrava na Escola Militar do Realengo como conselheiro da Missão Militar Francesa, que chegara ao Brasil em 1920. Conversando com esse coronel, os alunos brasileiros teriam aprendido costumes e tradições militares da França, como o de serem as turmas das escolas militares identificadas não apenas pelo ano de sua formatura, mas principalmente pela denominação de um patrono, em geral o nome de um grande chefe militar ou de uma batalha famosa, escolhidos para servir de inspiração aos novos oficiais. A idéia, segundo Lyra Tavares, teria sido acolhida com entusiasmo pelos alunos. A palavra francesa *patron* tem o duplo sentido de "patrono" (protetor) e "padrão" (modelo). O termo "patrono" não existia, até então, na tradição militar brasileira.

A inspiração francesa para essa "nova tradição" encontrou terreno propício para vingar devido à admiração que então se tinha pela cultura militar daquele país, vitoriosa na recente guerra mundial. Quanto ao processo de escolha do patrono, Lyra Tavares faz referência a ensinamentos oriundos da história militar brasileira, aprendidos nas aulas de um professor da Escola Militar, Pedro Cordolino de Azevedo, e na leitura das conferências de Genserico Vasconcelos. Segundo Lyra Tavares, Caxias e Osório eram "os dois nomes que avultavam no nosso espírito". A escolha final recaiu sobre Caxias, "cuja vida era inigualável. Além de Condestável do Império e Pacificador do Brasil, ele mudara os rumos da Guerra do Paraguai, depois do insucesso de Curupaiti, e assegurara a vitória das nossas armas na Campanha da Tríplice Aliança."

Em outro texto, Lyra Tavares diz que as lições de Cordolino haviam apresentado Caxias aos alunos como "figura central e inexcedida do período de lutas em que estiveram à prova a unidade e a integridade nacionais". Na missa de ação de graças pela formatura, em janeiro de 1925, os formandos distribuíram aos presentes — entre eles, o ministro Setembrino — um "santinho" com a efígie de Caxias. Lyra Tavares diz que a escolha de Caxias como patrono de sua turma foi, "desde o início, natural e pacífica". A confiarmos em seu depoimento, a iniciativa partiu dos próprios alunos, não tendo sido uma imposição superior. No entanto, é óbvia sua consonância com o aviso ministerial de 1923.

Até 1930 o culto a Caxias segue uma mesma rotina: flores, discursos e desfiles diante da estátua. Qual o sentido da instituição de Caxias como patrono do

Exército? Creio que o objetivo a ser alcançado, no plano simbólico, era a afirmação do valor da legalidade e do afastamento da política, a bem da unidade interna do Exército, despedaçada, nos anos 20, por diversas revoltas internas e clivagens políticas. É interessante observar que a oficialização do culto a Caxias se dá em 1923, ano seguinte ao da revolta que inaugurou o "ciclo tenentista" — nos anos seguintes, o Brasil viveria seguidas rebeliões militares. Fernando Setembrino de Carvalho, o ministro da Guerra criador da "festa de Caxias", havia comandado, em 1922, como chefe do Estado-Maior do Exército, a reação governista contra a revolta "tenentista". Em seu livro de memórias, ele lembra as profundas divergências que surgiram na época no corpo de oficiais e reafirma sua crença em que o Exército, que tem por dever supremo "amparar a ordem constitucional e a defesa externa", "não pode, não deve precipitar-se ao torvelinho das lutas partidárias".

Nesse espírito, o conteúdo das mensagens transmitidas pelos chefes militares em relação a Caxias e ao Dia do Soldado teria o objetivo de funcionar simbolicamente, no plano interno à instituição, como um "antídoto" contra a indisciplina e a politização dos militares. (Desnecessário dizer que essa versão de Caxias pairando acima das paixões políticas é bastante parcial e escamoteia sua intensa atuação partidária.) Em relação ao contexto histórico mais amplo, devemos também lembrar que nos anos anteriores ocorreram intensos conflitos sociais no Brasil, resultando, por exemplo, em muitas greves de trabalhadores. Além disso, o cenário internacional apontava para um crescente descrédito da democracia liberal, em favor de visões politicamente autoritárias, à esquerda e à direita.

Em 1926, o comandante da 1ª Brigada do Exército, em ordem do dia, dizia que a cultura moral do soldado brasileiro deveria ser trabalhada não apenas individualmente pelo próprio soldado no dia-a-dia, mas também em consagrações coletivas, nas quais sua alma "vibre unissonamente na comunhão do mesmo pensamento". A data escolhida para Dia do Soldado correspondia ao nascimento daquele que foi o "protótipo das virtudes militares". Mas não bastava relembrar Caxias em discursos: era preciso renovar anualmente, através de uma comemoração, o compromisso de seguir seu exemplo. Caxias aparece, nessa ordem do dia, como o "maior de nossos guerreiros", quase um santo que os soldados devem evocar, "chamar em seu auxílio" nos momentos de perigo, de cansaço, de "crítica injusta que às vezes tenta desconhecer a respeitabilidade da missão gloriosa" do Exército. Quando o soldado sentir menosprezo por parte dos civis, ou "quando a política vos quiser enlevar nas suas tramas enganosas procurando vos fazer crer não ser perjúrio o quebramento dos deveres da disciplina e o insurgimento contra as autoridades, não vos esqueçais de que Caxias, espelho de lealdade, não obstante ter militado na política, foi constantemente o baluarte inexpugnável da legalidade".

Segundo editorial de *A Defesa Nacional*, que publicou a ordem do dia, tratava-se de um "documento oportuno para a época atual de sorrateira propaganda anárquica junto às classes armadas". Em outro editorial de 1930, Caxias aparece como defensor intransigente da lei e símbolo da altivez dentro da ordem e perante o poder.

A partir de 1930, o conteúdo das mensagens veiculadas sobre Caxias e o Dia do Soldado não enfatiza somente a legalidade e a disciplina, mas também a fusão do Exército com a Nação, tendo como ponto focal Caxias, apresentado como o maior lutador pela unidade e integridade da Pátria. Em paralelo ao progressivo fechamento político que levaria à ditadura do Estado Novo em 1937, a imagem evocada de Caxias passou a destacar cada vez mais sua *autoridade* e suas qualidades de chefe militar a serviço de um Estado forte. A esse respeito, concordo com José Murilo de Carvalho quando afirma que, para o projeto militar que veio a se tornar hegemônico com o Estado Novo, Caxias aparecia como símbolo da união militar e, acima disso, da própria nação, passando a representar "a cara nacional conservadora da República". Essa imagem conservadora de Caxias existia desde o Império, mas agora era reapropriada com novos sentidos e em um novo contexto.

Em 1931, o primeiro Dia do Soldado posterior à Revolução de 30 trouxe uma importante novidade: a presença do presidente Getúlio Vargas (nos anos anteriores os presidentes da República não haviam comparecido) e dos cadetes da Escola Militar, que receberam seu novo estandarte das mãos de Vargas. No final do ano anterior, logo após a vitória da Revolução de 1930, assumira o comando da Escola Militar o coronel José Pessoa Cavalcanti de Albuquerque, que permaneceu na função até 1934. A reforma feita nesse período foi importantíssima para a oficialização do culto a Caxias. Entre os vários elementos criados por José Pessoa para compor a "nova tradição" da Escola Militar, temos o estandarte, o brasão e os uniformes históricos dos cadetes — que serão analisados mais adiante — e o espadim.

O espadim é uma réplica em miniatura da espada de campanha desembainhada por Caxias no combate da ponte de Itororó, quando disse a frase: "Sigam-me os que forem brasileiros." Segundo José Pessoa, esse momento é relembrado no brasão da Escola, gravado na lâmina dos espadins, cujos raios, atrás dos montes, simbolizariam o sol que naquele dia brilhava em Itororó (imagens 3 e 4). A peça original, que estava no IHGB, foi copiada e os desenhos, enviados à Europa, onde foram feitos os primeiros espadins. Através dessa arma simbólica, José Pessoa pretendia cultuar, em suas palavras, "o pilar que sustentou o Império", "o maior general sul-americano", "o invicto soldado", "aquele que melhor serviu à pátria e mais a estremeceu". A figura de Caxias deveria "pairar no seio dos cadetes do Brasil", como a de Napoleão entre os cadetes de Saint-Cyr e a de Washington entre os de West Point.

Os primeiros espadins foram entregues em 16 de dezembro de 1932, em solenidade realizada em frente à estátua de Caxias, com os cadetes pronunciando o juramento até hoje repetido: "Recebo o sabre de Caxias como o próprio símbolo da honra militar." O espadim passou a ser, desde então, peça mantida pelos cadetes durante o curso na Escola Militar e devolvido pouco antes da solenidade de formatura, quando é passado a um aluno calouro, simbolizando a continuidade entre as gerações. A partir de 1933, os espadins passaram a ser entregues na semana de 25 de agosto, tradição que permanece até hoje.

No final de 1931 José Pessoa já havia criado a Medalha Caxias, concedida ao primeiro aluno na classificação da Escola Militar, como sinal de estímulo e distinção ao mérito escolar. Em 1935, também por iniciativa de José Pessoa, o Forte do Vigia, no Leme (Rio de Janeiro), teve seu nome mudado para Forte Duque de Caxias. No ano seguinte, diversas medidas foram tomadas com o objetivo de consolidar o culto a Caxias. O então ministro da Guerra, general João Gomes, determinou que a *Revista Militar Brasileira* fizesse um número especial dedicado ao Patrono, e que se inaugurassem, em todas as unidades do Exército, o retrato de Caxias, além de mandar imprimir, para distribuição gratuita, a biografia publicada em 1878 pelo padre Joaquim Pinto de Campos — *Caxias: vida do grande cidadão brasileiro*.

O culto a Caxias não foi exclusividade do Exército: procurou-se também estendê-lo à sociedade como um todo. Dentre outras iniciativas, destaca-se a série de conferências sobre vultos nacionais patrocinada em 1936-1937 pelo Ministério da Educação e Saúde. A conferência sobre Caxias foi feita por Gustavo Barroso, em 25 de agosto de 1936. As instruções do ministério eram claras a respeito do estilo dessas conferências: "O trabalho deve ser uma obra de panegírico." Em 1942, algumas dessas conferências, incluindo a de Caxias, seriam publicadas. Na explicação das razões de tal campanha, o ministro mencionou o combate à "subversão" (lembremos que uma revolta comunista fora derrotada em novembro de 1935). O plano geral das conferências trazia um breve resumo do significado de cada vulto. O referente a Caxias dizia o seguinte:

> Caxias é o Exército e é o Brasil. Simboliza, para o entusiasmo da nossa veneração patriótica, o próprio Soldado Brasileiro. Todos os valores morais, físicos e intelectuais do bom soldado, Caxias os possui: a bravura, a generosidade, a robustez e a inteligência, o desinteresse e o entusiasmo. Herói ilustre do Brasil que soube combater brava e vitoriosamente em todos os setores onde o chamou o serviço da Pátria, Caxias — o Pacificador, foi o nosso maior soldado de todos os tempos.

Deve-se observar que Osório não foi incluído no rol das conferências e publicações. De outros militares do Exército, entrou apenas Benjamin Constant, mas não na condição de soldado, e sim de "sábio e patriota", "figura apostolar".

As comemorações do Dia do Soldado na década de 1930 destacavam Caxias como "pacificador" e mantenedor da unidade do Brasil. Dentro do projeto político autoritário vitorioso, eram qualidades importantes para a crítica ao funcionamento da democracia política liberal e das alternativas socialistas, vistas como elementos de divisão ou simplesmente como "subversivas". Em 1934 o general Góis Monteiro afirmou que Caxias, "incomparável na paz e inexcedível na guerra, paira muito acima das paixões desencadeadas pelas facções partidárias". Caxias fora um militar que queria "até ignorar os nomes dos partidos que, por desgraça, entre nós existissem". Como "grande pacificador", resolvera, "com superioridade de ânimo, as questões que colocaram em litígio os foros de nossa civilização e deram ao Brasil dias de cruéis dissensões, de angústia, e de sangue".

Discursos e textos militares da época referem-se com freqüência cada vez maior a Caxias como "o maior soldado da história sul-americana", "a mais empolgante envergadura de soldado da América", "o maior cabo-de-guerra da América", "santo – São Luís, tutelar do Brasil" ou simplesmente, como disse o ministro da Guerra Eurico Dutra em 1939, "o maior dos brasileiros". Essa glorificação caminhava *pari passu* com o aumento de poder do Exército no interior do Estado, principalmente com o início do Estado Novo em 1937. A evocação a Caxias assumia conteúdos simétricos ao papel conservador e autoritário do Exército na política nacional, e os artigos, discursos e ordens do dia referentes ao Dia do Soldado freqüentemente traziam referências à situação política contemporânea. Em agosto de 1935, por exemplo, o editorial de *A Defesa Nacional* referente ao Dia do Soldado pregava uma campanha de defesa de qualidades militares "sagradas" como espírito de ordem, subordinação, camaradagem e sacrifício, que estariam "ameaçados na hora presente pela ação subversiva de agitadores inescrupulosos, inimigos da Pátria e do Exército". Era necessária, segundo o editorial, uma reação sistemática contra a "obra de destruição". A referência indireta era à atuação dos comunistas e da Aliança Nacional Libertadora, que havia sido fechada pelo governo no mês anterior.

Em 1937, a ordem do dia do general Newton Cavalcanti, um adepto do integralismo e então comandante da Vila Militar, a principal guarnição do Rio, era mais explícita. Para deter a aproximação da "onda rubra e iconoclasta da desordem, dos distúrbios e das anarquias", Caxias — "o maior soldado que a Pátria já teve" — era invocado como um "marco sinalizador da união indissolúvel das classes armadas do Brasil, do fim das desarmonias entre seus chefes". Pergunta ainda: "Será que é crime defender o Brasil afogando em sangue os corvos comunistas que, ameaçadores, se interpõem à marcha segura dos seus destinos promissores?"

A consagração definitiva de Caxias ocorreria já findo o Estado Novo, quando seu nome foi dado ao novo prédio do Ministério da Guerra — Palácio Duque de Caxias, na avenida Presidente Vargas, centro do Rio. A estátua de Caxias foi transferida do Largo do Machado para a frente do prédio em 30 de agosto de 1949. À semelhança do Panteão francês, homenageando Napoleão, foi construído um panteão para Caxias em frente ao prédio, e seus restos mortais foram transferidos do Cemitério do Catumbi para lá, onde permanecem até hoje (imagens 7 e 8).

Batalhas da memória

A imposição oficial de Caxias como Patrono do Exército deu início ao declínio do culto a Osório. Durante a década de 1930, prosseguiram as comemorações da Batalha de Tuiuti na forma usual, com Osório no centro das atenções. Mas, na década seguinte, Osório já aparece na prática "rebaixado" da posição de maior soldado brasileiro para a posição subordinada, embora ainda honrosa, de patrono de uma das Armas do Exército, a Cavalaria. O grande responsável por essa mudança foi José Pessoa, que nomeou Osório como Patrono da Cavalaria em seu livro *Chefes da Cavalaria brasileira*, de 1940. Nesse mesmo ano, Osório também foi referido como Patrono da Cavalaria em discurso do cadete Otávio Pereira da Costa, proferido por ocasião do aniversário da Batalha de Tuiuti na

Escola Militar. Em 1942, Osório aparece nas manchetes dos jornais pela primeira vez como Patrono da Cavalaria Brasileira.

Nas décadas de 1940 e 1950, as comemorações para Osório perderam o destaque que haviam tido até então. Comemorava-se nas unidades militares, a estátua de Osório continuava a ser ornamentada, mas estavam ausentes o presidente da República e o ministro da Guerra, que passaram a enviar representantes.

Na década de 1960 ocorreu uma mudança importante. Ao lado de Osório, surgiu um novo homenageado no Dia de Tuiuti, 24 de Maio: Antônio Sampaio, Patrono da Infantaria, cujo culto havia se iniciado pouco depois do de Caxias, ainda na década de 1920. Depoimentos de militares afirmam que, em meados de 1928, durante um exercício de campo, os infantes do terceiro ano da Escola Militar e seu comandante, o então primeiro-tenente Humberto de Alencar Castello Branco, teriam tido a idéia de escolher um patrono para sua arma. A escolha recaiu sobre Sampaio, cearense de origem humilde, visto como a encarnação mais perfeita das qualidades ideais do infante (coincidentemente, Castello Branco também era cearense). Em 1936, Sampaio passou a ser considerado patrono de toda a Infantaria, e um quadro e uma pequena estátua seus foram inaugurados na Escola Militar. Discursando na ocasião, o major Tristão de Alencar Araripe lembrou que o culto a Sampaio estava subordinado ao culto a Caxias. Este seria a figura máxima a ser cultuada, cercado por sua "corte de heróis". Em 1940, o 1º Regimento de Infantaria passou a ser oficialmente conhecido como Regimento Sampaio. No ano seguinte foi criado o estandarte do Regimento, que traz como motivo central um leão, símbolo de bravura, com três estrelas vermelhas, representando os três ferimentos recebidos por Sampaio em Tuiuti, e que o levariam à morte.

O processo de escolha de outros patronos — a "corte de heróis" de Caxias — estendeu-se pelas Armas do Exército. As principais receberam como patronos personagens que haviam se destacado em combate na Guerra do Paraguai, principalmente em Tuiuti, hoje referida como Batalha dos Patronos: Sampaio (Infantaria), Osório (Cavalaria), Emílio Luís Mallet (Artilharia). Esse processo continuou através dos anos. Em 1996 Maria Quitéria, heroína das lutas pela Independência, era oficialmente declarada patrono do quadro feminino do Exército.

A escolha dos patronos não é movida apenas por interesse histórico. Uma pesquisa que fiz na Academia Militar das Agulhas Negras (Aman) entre 1987 e 1988 mostrou como o culto aos patronos estava inserido no processo de construção dos "espíritos" de cada Arma, importantes para a formação do futuro oficial do Exército. As características atribuídas ao "espírito" de cada Arma guardam estreita relação com aspectos consignados às biografias dos patronos. Esses elementos, valorizados e emulados no cotidiano da Academia, revelamse fundamentais para a socialização dos cadetes e a construção de suas identidades militares.

Voltando à comemoração de Tuiuti, vemos que as homenagens a Sampaio foram paulatinamente ganhando espaço, até que em 1969 surgiu uma manchete no *Correio da Manhã* comemorando o aniversário de Tuiuti como o Dia da Infantaria. Sampaio, por uma notável coincidência, completava seu 54º ano de vida no dia da batalha, e nela recebeu seus ferimentos fatais. Na década de 1970, o aniversário da Batalha de Tuiuti ficou sendo comemorado como o Dia da Infantaria, com solenidades e ornamentação do busto de Sampaio, e assim permanece até hoje. A festa maior do Exército, que era a comemoração da Batalha de Tuiuti, passou a ser o Dia do Soldado, aniversário de Caxias; o aniversário de Tuiuti, no qual antes se comemorava todo o Exército em seu chefe maior, Osório, passou a ser o Dia da Infantaria.

O fato de ter "perdido" a disputa de patrono para Caxias não quer dizer de modo algum que Osório seja desprezado pelo Exército. Procurei apenas mostrar que ele foi sendo hierarquicamente "ultrapassado" por Caxias, em relação a quem passou a ocupar uma posição subalterna. Mesmo assim, Osório permanece sendo objeto de veneração pelo Exército em geral e pela Cavalaria, em particular. Em Tramandaí (RS) foi criado em 1969 o Parque Histórico Marechal Manuel Luís Osório, mantido sob a guarda e responsabilidade do 3º Regimento de Cavalaria de Guardas, oficialmente conhecido desde 1933 como Regimento Osório. No parque ficam uma réplica da casa onde Osório nasceu e um memorial com seus restos mortais, que foram para lá transferidos em 1993, por solicitação de seus descendentes. A estátua, no entanto, permaneceu no Rio.

O processo de oficialização do culto a Caxias como Patrono do Exército e a conseqüente diminuição relativa da importância de Osório não se fizeram sem que surgissem discordâncias. Um documento importante a esse respeito é o "Estudo sobre o patronato do Exército", do coronel da reserva J.B. Magalhães, publicado originalmente no *Jornal do Comércio*. O autor critica a "preferência exclusiva de Caxias para guia da nossa posteridade militar", uma "injustiça histórica a Osório, que foi o mais amado dos chefes do Exército e o mais perfeito tipo do cidadão-soldado". Dessa forma, segundo Magalhães, a instituição do patronato se enfraquecia, pois a consagração de Caxias implicava injustiça a Osório. Ele diz ainda que a consagração de Caxias "não satisfaz aos interesses do futuro e é inadequada aos tempos modernos" por Caxias ser um valor "essencialmente estático", enquanto Osório seria um valor "eminentemente mutável". Caxias e Osório seriam, portanto, dois tipos históricos complementares.

Magalhães destaca ainda que Osório sempre foi festejado espontaneamente e que, enquanto era "amado", Caxias era "respeitado" e "admirado". A partir de 1923, o "oficialismo" teria começado a deixar Osório em segundo plano, "o que o Exército ainda menos compreendeu do que a exaltação de Caxias". O autor afirma que a instituição da comemoração a Caxias em 1923 não foi bem compreendida, embora tenha sido acatada, e que as primeiras solenidades não despertaram entusiasmo. Segundo Magalhães, "houve a favor do culto a Caxias um movimento crescente da *preferência oficial*, mercê do espírito de *reação legalista* que dominava na época, reforçado mais tarde pelas indisfarçáveis tendências ditatoriais e militaristas que levaram ao *golpe de estado* de 1937".

Os historiadores militares, ainda segundo Magalhães, teriam aceitado bem o culto da memória de Caxias, sem no entanto concordar em ver Osório "relegado para um plano demasiado subalterno". Entre as manifestações da "parte estudiosa" do Exército, Magalhães destaca a 3ª edição do livro *Grandes soldados do Brasil*, do coronel Lima de Figueiredo, onde se publicou uma carta de José Pessoa pedindo que o patronato da Cavalaria fosse dado a Osório, e não, como o autor havia feito nas edições anteriores, a Andrade Neves. A "reparação" foi feita, mas Lima de Figueiredo deixou claro que via Osório muito próximo de Caxias; assim, diz Lima de Figueiredo, "pareceu-me que melhor ficaria Andrade Neves como a estrela guia da Cavalaria e Osório como uma espécie de subpatrono do Exército". Para Magalhães, colocar Osório como patrono de uma Arma "só se compreende como reação ao olvido em que o oficialismo o deixou". Osório foi cavalariano assim como Caxias foi infante; como grandes chefes, ambos foram condutores de homens de todas as armas. Andrade Neves, por outro lado, teria sido, este sim, apenas cavalariano. Após a referência a esse episódio entre Lima Figueiredo e José Pessoa, Magalhães faz uma afirmação intrigante: "A par de tais manifestações de elementos representativos do Exército, há outras não menos eloqüentes, que vêm da profundeza do subconsciente da sua alma coletiva, entre as quais se destaca esta: foi corrente ouvir-se dizer entre os componentes da FEB, pertencerem eles, olvidando Caxias, ao Exército Nacional de Osório."

O depoimento de um oficial da reserva que atuou na Força Expedicionária Brasileira (FEB) aponta na mesma direção, ao mencionar a diferenciação que os soldados brasileiros em campanha na Itália faziam entre o "Exército de Caxias", que ficara no Brasil, e o "Exército da FEB", como um novo Exército. Haveria como que duas mentalidades opostas, refletindo-se em diferenças de métodos, costumes e princípios. As referências ao Exército de Caxias teriam sido, segundo esse depoimento, sempre depreciativas. O oficial afirma que a figura de Caxias não era bem compreendida pelos soldados. A razão estaria na exaltação extremada, quase mística, de que ele fora vítima, elevando-o à condição de modelo inatingível e inimitável. Com isso, o símbolo perdera sua humanidade e, com ela, qualquer possibilidade de identificação emocional com os soldados, seres falíveis e cheios de fraquezas demasiado humanas. O resultado acabou sendo oposto ao que se desejava obter com a exaltação do Patrono: "caxias" passou a designar um indivíduo exageradamente rigoroso em disciplina — acepção que difundiu-se também entre os civis.

Magalhães conclui seu artigo sugerindo que se adotasse uma espécie de duplo patronato do Exército: Caxias representando o Chefe, Osório o próprio Exército. O culto a Caxias, sem o necessário reconhecimento de Osório, ficaria, para o autor, para sempre incompleto e artificial. Isso não foi feito, e Caxias permanece até hoje sendo cultuado pelo Exército como o maior soldado do Brasil. Em 1980, no centenário de sua morte, a ordem do dia do ministro Válter Pires afirmava que Caxias era "a personificação do próprio Exército", "modelo perfeito de soldado". Os cadetes que ingressam na Academia Militar continuam recebendo o espadim de Caxias como "símbolo da própria honra militar".

É importante também observar que "batalhas da memória" a respeito de Caxias não aconteceram apenas no interior da instituição militar. Dois exemplos recentes deixam isso evidente. Em 1987, algumas lideranças do movimento negro desencadearam uma campanha contra Caxias, visto como responsável pela morte de milhares de negros na Guerra do Paraguai. O grupo via no Monumento a Zumbi dos Palmares, inaugurado no ano anterior, na Praça Onze, Centro do Rio, um contraponto à estátua de Caxias, localizada mais adiante, na mesma avenida Presidente Vargas. Segundo esses militantes, o monumento a Zumbi obrigava Caxias a encarar, para sempre, o rosto de um negro. No ano seguinte ocorreu, no dia 11 de maio, a "1ª Marcha Negra Contra a Farsa da Abolição", que começou na Candelária e deveria terminar em frente ao monumento de Zumbi. O Exército mobilizou grande aparato repressivo para impedir que a passeata passasse diante da estátua de Caxias, que ficava no caminho. A nota oficial do Comando Militar do Leste dizia que a iniciativa tivera como objetivo evitar que a figura do Patrono do Exército fosse desrespeitada.

Outra polêmica pública ocorreu em 2001, quando a imprensa divulgou notícias de que o filme *A conspiração*, ainda não lançado, acusaria Caxias de ter lançado cadáveres coléricos no rio Paraná, durante a Guerra do Paraguai, para contaminar as populações ribeirinhas. A notícia gerou protestos e desmentidos imediatos do Exército, através de seu Centro de Comunicação Social.

Para além da discussão sobre a veracidade histórica dessas representações em conflito, é interessante observar os diferentes contextos históricos em que esses dois monumentos surgiram. O de Caxias surge numa época em que, por todo o mundo, proliferavam as comemorações nacionais; no caso do monumento a Zumbi, as práticas de memória estão sendo repensadas em muitos países e as representações do passado tendem a ser mais heterogêneas e plurais. Zumbi celebra o herói negro, não o herói da unidade nacional. Hoje, a idéia de Estado-nação está dessacralizada. Nações são vistas mais como construções simbólicas do que como entidades naturais, acabadas, com uma identidade única e uma memória sagrada a ser preservada. Isso não quer dizer, como os críticos conservadores geralmente reclamam, que se trate de um processo de profanação que levará à "perda" de identidade nacional. O momento atual das "batalhas da memória" é propício a uma maior pluralidade e diversidade de passados, e a história nacional nem sempre é a única ou a melhor medida daquilo que as pessoas sabem sobre seu passado.

De qualquer modo, o apego oficial do Exército a uma quase "sacralidade" de Caxias não significa que seu culto esteja a salvo de mudanças e, eventualmente, possa vir a perder força no interior da própria corporação. Alguns oficiais, por exemplo, me contaram que a aproximação da imagem de Caxias com a de um santo católico incomoda os militares evangélicos, segmento numericamente crescente no Exército e na sociedade brasileira como um todo. Uma passagem do "Hino a Caxias" que diz "Salve, duque glorioso e *sagrado*" foi recorrentemente apontada como exemplo desse desconforto. Além disso, o culto personalizado de Caxias, que acompanhamos "ultrapassando" a celebração de Osório, talvez tenha sido mais eficaz sob um regime autoritário do que sob um regime democrático, e pode vir a perder força e ser, por sua vez, "ultrapassado" por uma nova comemoração, a de Guararapes, como veremos mais à frente. Antes, porém, examinemos mais de perto o conjunto de símbolos e cerimônias criados por José Pessoa na Escola Militar no início da década de 1930.

José Pessoa e a reforma da Escola Militar

A reforma da Escola Militar do Realengo, idealizada e iniciada por José Pessoa, pode ser vista como um exemplo bem-sucedido de criação de "novas tradições", como prova a permanência, por sete décadas, das tradições então forjadas. Através de seu exame, podemos observar a gênese e o significado de elementos simbólicos ainda presentes no Exército brasileiro.

Nascido na Paraíba, José Pessoa vinha de uma importante família de políticos. Era sobrinho de Epitácio Pessoa, presidente da República de 1919 a 1922, e irmão de João Pessoa, presidente da Paraíba de 1928 a 1930, cujo assassinato desencadeou a Revolução de 1930. José Pessoa tomou parte ativa no cerco e ocupação do palácio Guanabara no dia 24 de outubro, quando, após várias vitórias dos revoltosos, os comandantes militares da capital forçaram a renúncia do presidente Washington Luís. Vitoriosa a Revolução, José Pessoa foi nomeado, em novembro do mesmo ano, comandante da Escola Militar do Realengo. Ele procurou, desde o início de seu comando, vincular a reforma que pretendia realizar na Escola ao contexto pós-revolucionário. Essa intenção era explícita já em seu primeiro boletim, de 15 de janeiro de 1931, dia em que tomou posse:

> Cadetes! O dever que o Exército tinha a cumprir para com a República já está consumado. ... Mas a Revolução não terminou ainda, eis a palavra de ordem do

momento. A República está salva, resta salvar a Nação. Redimir a República foi o meio, engrandecer a Nação é o único e verdadeiro fim. Revalidada a forma de governo, cumpre restaurar o Brasil. ... O Exército, como instituição democrática por excelência, como verdadeira ossatura da nacionalidade é, por sua natureza, a instituição que primeiro e mais rapidamente se deve recompor, tanto é verdade que a integridade da Pátria, mais que a do regime, repousa em sua eficiência.

Para além da preservação da ordem republicana, os grandes objetivos da Revolução eram "salvar a Nação" e "manter a integridade da Pátria". A identificação do Exército com esses conceitos abstratos de pátria e nação unificava a instituição, afastando-a, no plano simbólico, dos conflitos políticos e ideológicos presentes na sociedade. O Exército, enquanto "ossatura da nacionalidade", teria um papel fundamental na fase de "reeducação" e "renovação" que se iniciava. A Escola Militar, onde seriam formadas as futuras gerações de oficiais, era vista como uma instituição seminal do "novo Exército" e, por extensão, da nova nação que se pretendia construir.

O primeiro passo da reforma foi a melhoria das condições materiais da Escola. As mudanças, porém, deveriam ir muito além disso. A preocupação fundamental de José Pessoa era com a criação de "mentalidades homogêneas", de "um novo estado psicológico" no corpo de oficiais. A reforma da Escola Militar seria apenas o início desse processo. Em sua autobiografia, ele escreve a respeito:

> O velho regime político decaído não tinha deixado ali coisa alguma de útil ou merecedora de ser relembrada. É verdade que dava anualmente turmas de aspirantes por conclusão de curso, mas nelas os elementos variavam desde o bom ao mau. As suas últimas turmas, então, foram totalmente sacrificadas. E vemo-las aí [isto é, no início da década de 1950], em grande parte divorciadas da sua profissão. É fato que, no seio do Alto Comando, surgem admiravelmente belas inteligências e padrão de soldados devotados, porém isso não é uma regra. O que o Exército procura formar são mentalidades uniformes, e não personalismos. Resta-nos, entretanto, a esperança de que a mentalidade está sendo mudada e os métodos atuais operarão, certamente, novas e homogêneas gerações.

O que José Pessoa quer dizer com "homogeneidade"? O trecho acima afirma que, dentre os oficiais formados durante a Primeira República ("o velho regime político decaído"), agora no Alto Comando do Exército, apenas alguns são bons soldados. A maioria encontra-se "divorciada de sua profissão". A imagem desse "divórcio" aparece também em uma entrevista concedida por José Pessoa ao jornal *A Noite* (17.12.1931), ao final de seu primeiro ano no comando da Escola. Perguntado sobre política, responde:

> Não sou político. Não quero ser. A nossa maneira de fazer política tem sido a gênese de muitas infelicidades para o país. ... Ao assumir esse comando, reuni mestres e cadetes, advertindo-os de que seria desaconselhável o trato de assuntos em desacordo com a disciplina militar, separando-me completamente dos políticos. Só não chamo a isso um divórcio porque nunca estivemos juntos. Não se deve inferir daí que eu os condene. Absolutamente. ... Mas a política, para os políticos e mais ninguém.

Para José Pessoa, política e disciplina militar eram, portanto, duas coisas que não deviam se misturar. Unindo os dois trechos transcritos, é possível inferir que gerações homogêneas de oficiais seriam aquelas disciplinadas e "divorciadas" da política, enquanto as heterogêneas seriam as "sacrificadas" pela política, que fere a disciplina militar. Em outro documento, referindo-se ao seu tempo de estudante na Escola Militar, José Pessoa fala dos "hábitos turbulentos dos meninos de Floriano [Peixoto]", que cometiam "excessos de conduta". É conhecido o papel político de destaque que os jovens oficiais tiveram na consolidação da República. Mas se aquela geração mereceu, segundo José Pessoa, as regalias disciplinares de que desfrutou, ela não deveria tê-las passado como herança às gerações futuras.

Em nome da reestruturação do Exército no período pós-revolucionário e da formação de um corpo disciplinado de oficiais, José Pessoa queria em primeiro lugar afastar a *política* — que divide — e enfatizar a *disciplina* — que une. Uma de suas medidas mais importantes foi justamente na área disciplinar, com a criação de uma entidade chamada Corpo de Cadetes, reunindo o conjunto dos cadetes. Esse Corpo foi criado oficialmente, não por acaso, no dia 25 de agosto de 1931 em solenidade à qual estiveram presentes, entre outras autoridades, o chefe do governo provisório, Getúlio Vargas. Com a criação do Corpo de Cadetes, o aluno matriculado na Escola passava a ser considerado parte de uma entidade coletiva. O enquadramento militar dos alunos foi consolidado, no ano seguinte, pelo Regulamento Interno do Corpo de Cadetes. O artigo 11 dizia que o Corpo de Cadetes é verdadeiro símbolo do "futuro do Exército e da segurança da Pátria". O principal controle de que os novos preceitos disciplinares seriam seguidos deveria ser a consciência *dos próprios cadetes*, através da criação do que José Pessoa chamou, em sua autobiografia, de "um novo estado psicológico", que tornaria cada um "escravo de sua dignidade pessoal. ... Cada cadete era prisioneiro de si mesmo. E, podemos afirmar, não havia prisão mais sólida."

O objetivo principal da reforma pretendida por José Pessoa era, portanto, atingir "a alma e o coração" dos jovens candidatos a oficial. Por isso, suas mais importantes iniciativas — e as mais duradouras — foram no plano simbólico. Criou-se um conjunto de símbolos que expressavam o pertencimento dos cadetes a uma tradição vinculada ao que se considerava serem os valores nacionais mais profundos.

Em primeiro lugar, os uniformes dos cadetes foram mudados. José Pessoa os considerava simbolicamente inexpressivos e pouco distintos dos uniformes dos soldados. Foi então solicitado o auxílio do artista José Walsht Rodrigues, autor de um *Álbum dos uniformes do Exército*, para criar o novo plano de uniformes. Adotaram-se elementos retirados dos uniformes militares do Império, principalmente da campanha de 1852 contra Rosas: barretina, cordões com palmatórias e borlas, charlateiras de palma e palmatória escarlate e emblema simbólico para a cobertura. A cor predominante passava a ser a turquesa. O elemento simbolicamente mais importante era o espadim. O novo plano de uniformes foi aprovado em abril de 1931. Segundo José Pessoa, não se tratava de uma simples combinação de peças, mas de um verdadeiro plano que visava objetivos bem determinados, entre os quais "restabelecer-se, embora respeitando as linhas gerais dos uniformes contemporâneos, os liames históricos do Cadete da Escola Militar".

O estandarte e o brasão de armas do Corpo de Cadetes foram outros símbolos criados durante a reforma de José Pessoa. Igualmente desenhado por Walsht Rodrigues, o brasão trazia um escudo com uma torre de ouro, que simbolizava a Escola, tendo, ao fundo, o perfil estilizado do pico das Agulhas Negras (imagem 4). Por que a escolha dessa montanha? Naquela ocasião, a Escola Militar estava situada no subúrbio carioca do Realengo, bastante longe da região das Agulhas Negras, para onde só seria transferida em 1944!

O que pode parecer premonição tem uma explicação mais simples. Na época, essa montanha ainda era considerada a mais alta do Brasil. Além disso, fazia parte do maciço central brasileiro — espinha dorsal do território nacional — e era de idade geológica muito antiga — outro aspecto de forte apelo simbólico. O pico das Agulhas Negras era visto, portanto, como um símbolo da unidade estrutural do Brasil, da mesma forma que o Exército o seria da Nação e a Academia Militar, do Exército. Como escreveu em 1931 o capitão Mário Travassos, ajudante-de-ordens de José Pessoa: "A constituição sienítica-nefelítica das rochas das Agulhas Negras empresta-lhes caráter eruptivo de alta significação geológica, em vista da idade que lhes assegura a estabilidade de rocha primitiva do maciço central do Brasil. Este sentido seria transmitido ao brasão pela firmeza e estabilidade do símbolo, representando a firmeza e a estabilidade do Exército".

Outro elemento simbólico importante da reforma implementada por José Pessoa foi a reutilização do título de cadete para designar os alunos da Escola Militar. Esse título existira durante o Império e nos primeiros anos da República (até 1897), sendo, originalmente, exclusivo dos alunos de origem aristocrática (como Caxias, cadete aos cinco anos de idade). José Pessoa começou seu discurso de posse no comando da

Escola justamente com o vocativo "cadetes", em desuso há mais de duas décadas. Com isso, ao mesmo tempo dava-se um ar aristocrático à condição de aspirante a oficial do Exército, retomava-se um elemento do passado e transmitia-se a idéia de que ser cadete era pertencer a uma elite social. Em carta de 31 de março de 1934 ao ministro da Guerra, Góis Monteiro, José Pessoa escreveu: "Com os exércitos contemporâneos, a tarefa mais difícil para os governos, a parte mais delicada a tratar, é a criação desse nervo motor que dá vida à nação armada, isto é, a organização do corpo de oficiais. É que hoje, mais do que nos tempos passados, torna-se preciso que o corpo de oficiais constitua uma verdadeira aristocracia, não a aristocracia de sangue, mas uma aristocracia física, moral e profissional".

A visão do cadete como membro de uma elite social, uma "aristocracia do mérito", fundamentou uma série de iniciativas tomadas por José Pessoa durante seu comando. Ele reservou metade das vagas para o concurso de admissão à Escola para candidatos de colégios civis — até então, a maioria de alunos era oriunda dos três colégios militares em funcionamento (Rio de Janeiro, Porto Alegre e Fortaleza). No mesmo sentido, opôs-se à idéia de recriar uma escola preparatória ao ingresso na Escola Militar. José Pessoa pretendia com isso alargar a base social de recrutamento para a Escola, atraindo alunos de nível social mais elevado e evitando o predomínio de filhos e parentes de militares. Foi também instituída uma inspeção médica eliminatória e a necessidade de o candidato à Escola trazer um "conceito" firmado pelos comandantes dos colégios militares ou dos estabelecimentos de ensino secundários civis, que se tornavam, assim, fiadores do candidato perante o comando da Escola Militar. Para José Pessoa, a "missão" da Escola Militar era "aprimorar qualidades, e não corrigir defeitos". Foram tomadas várias providências para dar projeção social ao cadete, como contatos com os clubes de prestígio da época, o Fluminense e o Tijuca Tênis Clube, para que cadetes fossem convidados para todas as festas, ao mesmo tempo em que se desestimulava seu comparecimento aos festejos suburbanos do Méier e de Bangu.

A instalação da Escola Militar no Realengo sempre desagradou José Pessoa, que a considerava imprópria pelo clima, paisagem, vizinhança e também pela localização dentro da capital federal, o que a sujeitava "a ser presa de agitações políticas que, periodicamente, inflamam a capital do país, como freqüentemente tem acontecido". Já em seu primeiro boletim, José Pessoa falara da necessidade de se escolher um novo local para a Escola. Criou-se uma comissão por ele presidida que elegeu a região de Resende como ideal para a construção da nova escola. Entre as razões apontadas, estavam a situação intermediária entre Rio, São Paulo e Minas Gerais, o clima ameno e a variedade de acidentes geográficos de que dispunha. José Pessoa sonhava com excursões dos cadetes às montanhas e com a prática de esportes náuticos no rio Paraíba, podendo a futura escola tornar-se, em suas palavras, "uma espécie das famosas universidades de Oxford e Cambridge, situadas à borda do Tâmisa, movimentando toda a cidade de Londres por ocasião de suas regatas".

Destacava-se ainda o fato de a cidade de Resende ser considerada ideal para o convívio social do cadete, por abrigar uma "sociedade homogênea" e de "arraigadas tradições", características da antiga área cafeeira do vale do Paraíba, em cujo apogeu econômico "surgiu a família resendense organizada, estável ... Além disso, Resende está incluída entre as estações de repouso e, assim, mantém periodicamente contato com elementos sociais mais adiantados."

A transferência da Escola Militar para Resende seria, para José Pessoa, a coroação da reforma no sistema de formação dos futuros oficiais do Exército. Ela se concretizaria em 1944, quando a Escola Militar foi finalmente transferida, tendo seu nome alterado em 1951 para o mais pomposo Academia Militar das Agulhas Negras, como permanece até hoje.

Consideradas em conjunto, as tradições criadas por José Pessoa são impressionantes. Em suas palavras, após quatro anos de comando, "criou-se uma ideologia, que é um misto de brasilidade e sentimento militar, amalgamados pelo culto do passado, pelo espírito de tradição." Todos os elementos da reforma permanecem praticamente inalterados até hoje, e um busto de José Pessoa colocado em posição de destaque na Aman é o sinal mais claro de que seu projeto foi historicamente bem-sucedido. As pessoas que assistem às comemorações na Aman, incluindo os próprios cadetes e oficiais, provavelmente supõem serem os símbolos que vêem muito mais tradicionais e antigos do que são na realidade.

Pode parecer uma contradição o fato de se vincular um "novo Exército", criado num momento pós-revolucionário, ao passado, ao invés de inventar símbolos que rompam com tudo o que existiu anteriormente e apontem para o novo, para o futuro. Mas essa contradição é apenas aparente. Uma das características centrais dos processos de criação de novas tradições é justamente a tentativa de se estabelecer continuidade com um passado histórico considerado apropriado. Este não seria, certamente, o da República Velha que se derrubara, "o velho regime político decaído". Restava o Império, mas não seu início ou seu final, ambos tumultuados para o Exército. O ideal era um "médio" Império, afastado das rupturas políticas — que comprometem a disciplina —, tendo como centro a figura de Caxias, considerado símbolo da unidade do Exército e da Nação.

Lançava-se âncora num passado remoto, atribuindo estabilidade à instituição que deveria ser, como visto, a "ossatura da nacionalidade", o que José Pessoa considerava essencial para superar as instabilidades do presente. Daí a coerência de todos os símbolos inventados: os novos uniformes, o espadim de Caxias representando a honra militar, a imagem telúrica e intemporal das Agulhas Negras. Exorcizavam-se, ao menos no plano simbólico, as turbulências da política do interior do Exército, reservando-as "para os políticos e mais ninguém". Ao mesmo tempo, implementa-

1. Estátua de Caxias, ainda no Largo do Machado. O cavalo estático e a pose altiva realçam a imagem de um aristocrata e estrategista.

2. Comemoração do aniversário da Batalha do Tuiuti em 1964, diante da estátua de Osório. Comparando-se com a estátua de Caxias, percebe-se a imagem predominante de um guerreiro consagrada pelo movimento de cavalo e cavaleiro, bem como pela espada que Osório empunha.

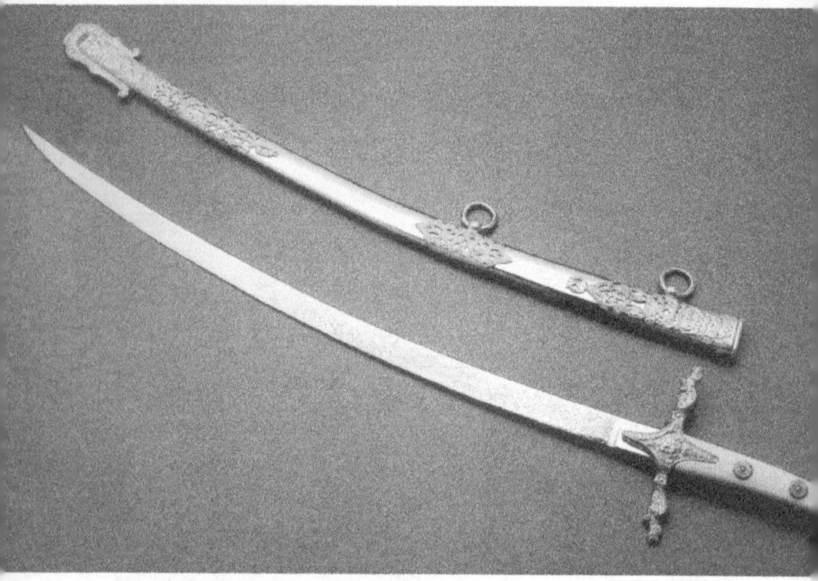

3. O espadim, réplica em miniatura da espada de Caxias entregue aos cadetes da Academia Militar das Agulhas Negras.

4. Brasão da Escola Militar. Atentar para a torre, simbolizando a Escola, e para o perfil estilizado do Pico das Agulhas Negras: a transferência para a nova sede só se daria em 1944, quase 15 anos após a criação do brasão.

5. Getúlio Vargas condecora o estandarte do Corpo de Cadetes da Escola Militar, em 1937.

6. Cerimônia de recebimento e juramento do espadim, na Academia Militar das Agulhas Negras. O uniforme e a reativação do título de "cadete" também foram parte do projeto de José Pessoa de criação de uma "nova tradição" para o Exército.

7 e 8. Consagração definitiva: os restos mortais e a estátua de Caxias foram transferidos para o Panteão construído em sua homenagem em 1949.

9. Comemorações da vitória sobre a Intentona Comunista no Cemitério São João Batista, 1950. O marinheiro na lateral do monumento e o soldado ferido, seu elemento principal, fortalecem os laços corporativos entre Exército e Marinha, unidos contra um inimigo comum.

10. Um marco em lembrança aos que combateram a Intentona comunista foi inaugurado na Praia Vermelha em 1964.

11. O monumento visto na página anterior foi transferido do Cemitério São João Batista para a Praia Vermelha, em 1968. Aqui, o traslado dos restos mortais dos soldados vítimas da Intentona.

12. Inscrição no interior do Regimento Guararapes, em Pernambuco, uma das primeiras unidades militares brasileiras a receber designação histórica.

13. Cartaz do Exército em comemoração aos 350 anos da Batalha dos Guararapes, 1998. Acima do quadro de Vitor Meirelles, a representação de soldados das "três raças formadoras da essência do povo brasileiro".

14. "O Exército é o alicerce da nacionalidade": um dos cartazes premiados no concurso de propaganda do Serviço Militar promovido pelo Ministério da Guerra, 1941.

15. Placa na entrada do Comando Militar da Amazônia: ligação direta com o "espírito de Guararapes", passado eleito como exemplo e tradição.

vam-se medidas que enfatizavam a disciplina: a criação do Corpo de Cadetes, o novo regulamento e o controle mais rigoroso da vida cotidiana dos alunos.

Intentona Comunista: ascensão e queda de um ritual

A fase de intensa criação de novos símbolos e cerimônias do Exército iniciada com a adoção do culto a Caxias e aprofundada com a reforma da Escola Militar continuou nos anos seguintes. A frustrada revolta comunista de novembro de 1935 foi um evento-chave que desencadeou um processo de institucionalização da ideologia anticomunista no interior das Forças Armadas.

Pode-se falar de anticomunismo desde que o comunismo existe. O preâmbulo do *Manifesto comunista* de Marx e Engels, de 1848, já menciona o comunismo como um "fantasma" a assustar os principais líderes conservadores europeus. O anticomunismo ganha força, no entanto, com a revolução bolchevista de outubro de 1917, na Rússia, marco a partir do qual a doutrina tornou-se uma alternativa política real. Embora de fácil definição, o termo "anticomunismo" engloba um conjunto bastante heterogêneo de forças políticas e sociais. Católicos, liberais, militares, empresários, nacionalistas, fascistas e socialistas democráticos aparecem unidos por uma postura negativa, por se posicionarem *contra* um inimigo comum. Por isso, a convergência entre os diversos anticomunismos ocorre apenas em períodos percebidos como de aumento do "perigo comunista", geralmente de curta duração.

A percepção de um "perigo comunista" no Brasil aumentou até atingir o clímax com a revolta de 1935. Após a Revolução Russa de 1917, tivemos: a criação do Partido Comunista Brasileiro em 1922; a conversão do líder "tenentista" Luís Carlos Prestes ao comunismo, em maio de 1930, e sua ida para a União Soviética, no ano seguinte; e o surgimento, em março de 1935, da Aliança Nacional Libertadora, dominada pelos comunistas. Se em 1917 o comunismo no Brasil era visto ainda como um perigo remoto, "alienígena" e "exótico", aos poucos ele vai se tornando mais próximo.

Esse período foi marcado por um contexto nacional e internacional de crescente fortalecimento de tendências autoritárias contrárias ao liberalismo político e à democracia representativa, tanto à esquerda quanto à direita. A descrença na democracia era generalizada. Por mais que fosse exagerada, a percepção de uma "ameaça comunista" no Brasil não era apenas uma fantasmagoria: havia intenção real dos comunistas de chegar ao poder por meios revolucionários.

Foi nesse contexto que estourou, em 23 de novembro de 1935, uma revolta comunista em Natal; no dia seguinte, em Recife; e no dia 27, no Rio de Janeiro. Todas elas, protagonizadas principalmente por militares, foram rapidamente derrotadas pelas forças leais ao governo. A tentativa de tomada violenta do poder pelos comunistas causou grande comoção pública, principalmente quando veio à luz a atuação de estrangeiros ligados ao *Komintern*, a Internacional Comunista. O episódio logo viria a ser nomeado, pelos vencedores, de "Intentona" — intento louco, plano insensato, desvario —, nome com que ficou, por muito tempo, consagrado na história. A própria escolha do termo que designa o evento já é, portanto, um julgamento do mesmo.

Vargas e os chefes militares promoveram, nos meses seguintes à revolta, uma forte escalada repressiva, com decretação de estado de sítio (logo equiparado a estado de guerra), expulsão de militares de esquerda das Forças Armadas, prisão de parlamentares acusados de ligações com a ANL e criação de um Tribunal de Segurança Nacional, que condenou milhares de pessoas. Os comunistas brasileiros foram acusados de serem elementos "a serviço de Moscou" e, portanto, traidores da pátria. Os militares que tomaram parte na revolta foram, em particular, acusados de uma dupla traição: não só do país como da própria instituição militar, ferida em seus dois pilares — a hierarquia e a disciplina. Foram também acusados de covardia, devido principalmente à denúncia, até hoje controversa, de que no levante do Rio teriam assassinado colegas de farda ainda dormindo.

Nos anos seguintes, os vencedores de 1935, principalmente os chefes do Exército, foram cristalizando um relato sobre o evento que tinha como ponto central a idéia de "traição". Dentre os elementos do imaginário anticomunista que ganharam colorido mais forte, está a associação do comunismo com o mal, representado como uma enfermidade. Daí a metáfora, que teria vida longa, de uma "infiltração" comunista, como se fosse uma doença/doutrina "exótica" introduzida no Brasil por agentes estrangeiros ou por traidores da pátria.

Embora a oposição de amplos setores militares ao comunismo anteceda a revolta, foi a partir desse momento que os comunistas passaram a ser claramente identificados como o maior inimigo. Esse processo teve como ponto focal a institucionalização, pelos militares, de uma comemoração no aniversário da vitória sobre a Intentona. O ritual de rememoração dos mortos leais ao governo, repetido a cada ano no Rio de Janeiro, tornava seu "sacrifício" presente, renovava os votos anticomunistas dos militares e socializava as novas gerações nesse mesmo espírito. Desde então, o roteiro permanece basicamente o mesmo: formatura de tropas militares junto ao túmulo dos militares mortos em 1935; recepção das autoridades civis e militares; canto do hino nacional; aposição de flores aos pés do monumento; discursos e leitura da ordem do dia dos chefes militares; chamada nominal dos mortos, ao som de salvas de canhão.

Uma investigação sobre essa comemoração permite acompanhar a transformação dos conteúdos simbólicos associados ao comunismo, resultado do diálogo que se estabelecia com as diferentes conjunturas históricas. Foi no quadro dessa cultura institucional, marcadamente anticomunista, que se viveu a ditadura do Estado Novo e que se formaram os grupos de militares que em 1964 assumiram o poder. Com o fim do regime militar, como veremos adiante, essa comemoração entrou em decadência, perdendo importância.

A primeira comemoração da vitória sobre a Intentona, em 27 de novembro de 1936, ocorreu no Cemitério São João Batista, onde estavam enterrados os oficiais legalistas mortos; as praças — soldados, cabos e sargentos — estavam enterradas no Cemitério São Francisco Xavier. Organizada principalmente pela Liga da Defesa Nacional, a cerimônia não contou com o comparecimento do presidente Vargas nem obteve o destaque que teria nos anos seguintes.

Tudo mudaria no ano seguinte. Em circular aos comandantes militares datada de 29 de junho de 1937, o ministro da Guerra, Eurico Gaspar Dutra, dizia que, dentre todos os perigos que ameaçavam as Forças Armadas e a nação, não havia dúvida de que o comunismo era o pior: "O mais temível por ser organizado e pertinaz, o mais nefasto porque é a subversão de tudo quanto se tem construído em séculos de civilização, o mais digno de repulsa porque atinge os sagrados e invulneráveis dogmas da moral em que erigimos nossos santuários domésticos." Dutra ressalta a necessidade de se relembrar e de não se perdoar o que acontecera em novembro de 1935.

A comemoração de 1937 no Cemitério São João Batista foi estranhamente antecipada para o dia 23 de setembro. O presidente da República, Getúlio Vargas, esteve presente, inaugurando uma tradição só abandonada em 1990. Em seu discurso, transmitido por rádio para todo o país, Vargas disse ser importante manter a comemoração como uma forma de se combater o esquecimento e como uma advertência, "porque significa que o povo brasileiro, as Forças Armadas do Exército e da Marinha estão vigilantes na defesa da Pátria. É esta romaria ainda uma advertência contra aqueles que se conluiaram para a destruição da Pátria." O representante do Exército, general Newton Cavalcanti, foi ainda mais enfático, dizendo que os militares iriam "desencadear uma guerra sem tréguas e de morte ao comunismo ultrajante e ultrajador, e que não consentiremos nunca que o judeu moscovita faça deste Brasil invejável o mercado sórdido e infame do nosso caráter, das nossas tradições e da nossa dignidade".

Por que em 1937 a comemoração foi antecipada em mais de dois meses? Para o historiador Rodrigo Motta, houve uma tentativa de acelerar a mobilização anticomunista e dessa forma ajudar a preparar o clima que levaria, em breve, ao golpe do Estado Novo. A seqüência posterior de eventos parece justificar essa opinião. Apenas uma semana mais tarde foi divulgado o famigerado Plano Cohen. Tratava-se, supostamente, de instruções da Internacional Comunista para uma nova tentativa de tomada violenta do poder no Brasil. Na verdade, o documento havia sido forjado pelo então capitão Olímpio Mourão Filho, militante da

Ação Integralista Brasileira, que só reconheceria a fraude quase vinte anos mais tarde. A divulgação do suposto plano comunista serviu de base para a decretação de novo período de estado de guerra e pavimentou o curto caminho que faltava ser percorrido para o golpe de 10 de novembro, que instaurou a ditadura do Estado Novo.

A primeira comemoração da Intentona sob o novo regime, em 1938, foi imponente e trouxe como novidade um decreto de Vargas determinando que os restos mortais de oficiais e praças fossem reunidos em uma só sepultura no Cemitério São João Batista, onde deveria ser construído um mausoléu. Isso encerrava um certo constrangimento que ocorria desde 1936 e que diminuía um pouco a força da comemoração. Antes, as diferenças hierárquicas eram mantidas mesmo após a morte, pois junto aos túmulos dos subalternos, no Cemitério São Francisco Xavier, ocorria uma cerimônia muito mais modesta, sem a presença de autoridades. O mausoléu, inaugurado durante a comemoração de 1940, reunia oficiais e praças. A partir daí, a "romaria" passou a concentrar-se num só lugar, ganhando em força evocativa. Na cerimônia, o ministro da Justiça Francisco Campos disse: "Este monumento é apenas um sinal. Dele não precisavam os mortos. Ele se dirige sobretudo aos vivos." O mausoléu traz gravados os nomes dos 31 militares legalistas mortos, uma frase de Horácio — "*Dulce et decorum est pro patria mori*" ("É doce e decoroso morrer pela pátria") — e uma placa com os dizeres: "O governo federal mandou construir este mausoléu para perpetuar a memória dos bravos e abnegados militares mortos na rebelião comunista de 27 de novembro de 1935 e que, com seus exemplos de fidelidade às nossas instituições tradicionais, se impuseram ao reconhecimento da nação. 27.11.1940."

É interessante observar o uso da palavra "tradicionais" (e não, por exemplo, "democráticas") para qualificar as instituições que esses militares morreram defendendo. Em 1940 vivia-se, afinal, sob uma ditadura.

O elemento central do monumento é a estátua de um soldado no momento em que é atingido mortalmente por um tiro (imagem 9). Nas laterais há duas imagens de soldados, um do Exército, outro da Marinha, representando a união dos militares e fornecendo uma compensação simbólica para a Marinha, que não tinha mortos no episódio a recordar. A representação de um marinheiro no monumento permite vislumbrar com mais clareza o sentido de algumas opções simbólicas feitas na época pelos militares responsáveis pela construção da memória oficial sobre a Intentona. O mais importante não era que o monumento retratasse fielmente o episódio histórico, e sim que pudesse servir para fortalecer laços corporativos entre Exército e Marinha, unidos contra um inimigo comum (a Aeronáutica só viria a ser criada em 1941). Além disso, o monumento, ao retratar apenas soldados do Exército e da Marinha, deixava de lado os integrantes das forças policiais dos estados do Nordeste, principais protagonistas na repressão aos levantes que ocorreram em Recife e Natal, inclusive sofrendo mais baixas que as tropas federais, que foram maioria apenas no Rio. Essa opção era conveniente numa época em que o poder central lutava para enquadrar as outrora poderosas forças policiais estaduais, submetendo-as ao controle do Exército. O papel secundário conferido pela "memória oficial" aos acontecimentos do Nordeste fica evidente na própria escolha do dia 27 para a comemoração, e não 23, quando estourou a rebelião em Natal, ou 24, no Recife. A formalização de uma memória, portanto, opera fazendo seleções, deixando de lado outras possibilidades.

O fim do Estado Novo em 1945 e a volta ao regime democrático abriram a possibilidade de que se instaurassem novas batalhas pela memória sobre o evento de novembro de 1935. Às vésperas da comemoração de 1946 o ministro da Guerra, general Canrobert Pereira da Costa, reuniu-se com seus generais para tratar de uma possível comemoração paralela dos comunistas, agora na legalidade. Ao invés de uma traição, 1935 seria celebrado pelos comunistas como episódio de um movimento nacional libertador. O ministro escreveu então uma carta ao presidente da República em que deixava claro que os generais consideravam a eventual comemoração concorrente dos comunistas "uma afronta aos sentimentos enraizados no coração do Exército". Os generais sentiam repulsa por

> essa pretensa comemoração enaltecedora da traição, da covardia com que foram friamente assassinados os

> bravos camaradas do III Regimento de Infantaria e da Escola Militar de Aviação e do desejo que se acha possuído o Exército de impedir, pela forma que V. Ex. houver por bem deliberar, a realização dos atos previstos pelo Partido Comunista tão afrontosos à classe militar e à Nação.

O confronto acabou não acontecendo nesse ano, mas em 1947 os deputados comunistas, liderados por Carlos Marighella, protestaram em plenário contra as homenagens oficiais às vítimas do levante de 1935. Mas o PCB já estava novamente na ilegalidade e os parlamentares comunistas teriam seus mandatos cassados poucas semanas mais tarde. Nos anos seguintes, com os comunistas proscritos e os partidos conservadores vencendo as eleições, diminuiu o ímpeto da comemoração e a palavra "democracia" apareceu com freqüência nas ordens do dia.

A ação anticomunista recrudesceu em 1961 com a posse de João Goulart na Presidência da República, após a renúncia de Jânio Quadros. Na comemoração desse ano da vitória sobre a Intentona, foram colocadas faixas com dizeres anticomunistas na entrada do cemitério. Goulart foi poupado, mas o chanceler San Tiago Dantas, também presente à comemoração e que fora o principal responsável, pouco antes, pelo reatamento de relações com a União Soviética, foi alvo de manifestações de protesto. Organizações anticomunistas também promoveram uma comemoração paralela junto ao monumento aos mortos da II Guerra

Mundial e, em seguida, encaminharam-se para o Itamaraty para repudiar o ato do chanceler.

Uma comemoração paralela ocorreu também em 1963, último ano em que João Goulart participaria da romaria ao cemitério. O governador da Guanabara, Carlos Lacerda, ferrenho adversário de Goulart, foi à Praia Vermelha, local em que ocorrera a principal batalha em 1935, para comemorar a vitória sobre a Intentona. Já era intensa a mobilização de setores que promoveriam, em 31 de março do ano seguinte, o golpe de Estado que pôs fim ao governo de João Goulart.

O regime militar iniciado em 1964 (e que duraria 21 anos) deu novo alento à comemoração. O principal elemento utilizado nos discursos passou a ser a idéia de que, em 1964, os comunistas teriam tentado uma nova investida e que esta, à semelhança de 1935, fora impedida pela atuação vigilante das Forças Armadas. Ou seja, o mesmo inimigo de três décadas antes ainda precisava ser combatido. A associação entre 1935 e 1964 tornou-se obrigatória. Além disso, passou a ser feita em todos os quartéis a leitura de uma ordem do dia conjunta dos ministros das Forças Armadas, por ocasião do aniversário da "Revolução" de 31 de março de 1964. Ambas as comemorações reforçavam-se mutuamente, fortalecendo o espírito anticomunista nas Forças Armadas.

Na comemoração da Intentona em 1964, a ordem do dia conjunta enfatizava a continuidade da "Guerra Revolucionária Comunista" entre 1935 e 1964. No entanto, diferentemente da ação violenta de 1935, os comunistas teriam agora utilizado uma tática de "infiltração progressiva em postos-chave, através de uma paciente doutrinação e da corrupção". Mesmo tendo sido novamente derrotado em 1964, o comunismo ainda lutaria através de uma "guerra psicológica", que visava desmoralizar o novo regime e comprometer o governo. Em vão, pois "o comunismo, seja qual for a forma por que se apresenta, é contrário aos legítimos interesses nacionais. Eis por que, nas situações de crise, como as de novembro de 1935 e março de 1964, ou face à situação nefasta de seus adeptos, o povo brasileiro encontrará sempre suas Forças Armadas unidas e vigilantes."

Imagens como a de "traição", "covardia" e "infiltração" são mantidas, embora sofram algumas atualizações, como a idéia de uma "guerra psicológica" sobrepondo-se à de "inoculação de um vírus" exótico.

Em 1964, além da tradicional ida ao cemitério, foi também inaugurado um marco na Praia Vermelha, com os dizeres: "Neste local e em outros pontos do país, militares brasileiros fiéis às instituições democráticas resistiram à insurreição comunista de novembro de 1935. Em lembrança do seu sacrifício, as Forças Armadas fizeram plantar este marco, em novembro de 1964." (imagem 10)

O mausoléu foi transferido em 1968 do cemitério para a Praia Vermelha, onde está até hoje (imagem 11). O objetivo da transferência, segundo a ordem do dia do ministro do Exército, Aurélio de Lyra Tavares, era "permitir uma participação mais efetiva da população em geral nas solenidades". Nesse ano, porém, pichações foram feitas pelo movimento estudantil em diversos locais da Praça General Tibúrcio, que fica em frente ao novo local do monumento: "Luta por mais verbas", "Vagas para os estudantes", "UNE é legal", "Povo no poder" e "Abaixo a ditadura". Poucos dias se passaram entre essa comemoração e o Ato Institucional n.5, de 13 de dezembro de 1968, que inaugurou o período de maior repressão do regime militar e levou diversas organizações de esquerda a se engajarem na luta armada. Nos anos seguintes, os chefes militares seguidamente traçaram paralelos entre os militares que combateram a Intentona em 1935 e aqueles que estavam morrendo no combate à "subversão".

Vencida a luta armada, na comemoração de 1976 da derrota da Intentona o comandante do II Exército já podia afirmar, confiante, que: "Em nossos quartéis não aparecerão mais Lamarcas, não aparecerão mais Agildos Baratas, porque os nossos quartéis hoje estão purificados." A menção a dois militares considerados traidores — um na Intentona, outro já sob o regime militar — reforçava mais uma vez o vínculo simbólico entre 1935 e 1964.

Na década de 1980, com o país respirando novamente ares de abertura política, começa o declínio da comemoração da Intentona. Em 1981, a ordem do dia pregava ideais de democracia, liberdade e justiça social. Na saída, a comitiva presidencial encontrou um grupo de alunos protestando contra o "pacote" eleitoral. Em São Paulo, o comandante do II Exército afirmou que o comunismo não ameaçava a "abertura", dada a confiança no espírito livre e democrático da nação e na coesão das Forças Armadas.

Em 1983, a surpresa e sensação da cerimônia foi a presença do governador do Rio, Leonel Brizola, que assistiu à cerimônia ao lado do presidente, general Figueiredo, e dos ministros militares. Entrevistado, Figueiredo declarou ser favorável à legalização do Partido Comunista. A "ameaça comunista" transformava-se aos poucos em um episódio histórico, não sendo mais vista como algo ainda presente. Brizola, antigo fantasma para os militares, tornou a comparecer à cerimônia nos anos seguintes. Em 1984, o ministro do Exército, general Válter Pires, evitou cumprimentá-lo. Mas, no ano seguinte, 50º aniversário da Intentona e já feita a transição para um governo civil, o novo ministro, general Leônidas Pires Gonçalves, saudou-o cordialmente.

A partir de 1985, com o restabelecimento da democracia política, as comemorações da Intentona e da "Revolução" de 1964 continuaram em declínio, perdendo cada vez mais força a veemente simbologia anticomunista. Nesse ano, a ordem do dia dava ênfase a temas como direito, justiça e consolidação da democracia. A transição política, no entanto, não se fez sem percalços. Em 1987, a ordem do dia continha críticas indiretas à Assembléia Nacional Constituinte, reunida para redigir a nova Constituição.

Em 1990, um fato marcante: pela primeira vez o presidente da República não compareceu à comemoração da Intentona. Segundo depoimento do então ministro do Exército, general Carlos Tinoco, Fernando Collor simplesmente informou aos ministros militares que não compareceria, sem pedir suas opiniões. Collor não impediu que a cerimônia ocorresse, mas, sem dúvida, sua postura contribuiu para esvaziar a comemoração. A partir de então, o evento nunca mais contou com a presença do presidente da República, tornando-se exclusivamente militar.

Em 1995, 60º aniversário da Intentona e primeiro do governo Fernando Henrique Cardoso, um sinal dos novos tempos: a Fundação Roberto Marinho financiava o Programa de Preservação da Memória do Partido Comunista Brasileiro. Nesse mesmo ano, uma mudança importante já havia ocorrido com a comemoração do 31 de março de 1964: pela primeira vez, não houve a tradicional ordem do dia conjunta dos ministros militares. A iniciativa foi do almirante Mauro César Rodrigues, que fez a sugestão ao ministro da Aeronáutica, brigadeiro Mauro Gandra. A idéia, segundo depoimento de Gandra, era "apaziguar os ânimos, desarmar os espíritos". Gandra concordou e, juntos, conseguiram convencer os generais Zenildo e Leonel, respectivamente ministro do Exército e chefe do Estado-Maior das Forças Armadas, que inicialmente teriam relutado: "Nós dissemos que tínhamos que esquecer, virar essa página. ... O Zenildo e o Leonel ficaram um pouco reticentes. Mas ... chegamos a um acordo." Gandra afirma que não houve nenhuma interferência do presidente Fernando Henrique Cardoso, e que a iniciativa partiu dos próprios militares.

Em 1996, a ordem do dia afirmava que o comunismo havia chegado ao fim. Os heróis, que serviram de exemplo e incentivo à perpetuação do sentimento anticomunista por sessenta anos, também teriam assim concluído sua luta. Ao final, avisava-se que, caso os chefes militares não comparecessem nos anos seguintes para render novamente homenagens aos heróis, o regime de liberdade e democracia vigentes já seria a melhor das homenagens, uma prova de que a morte em defesa das instituições democráticas não havia sido em vão. A luta fora vencida, o inimigo finalmente derrotado. Fechava-se um capítulo da história, e com isso a renovação da cerimônia deixava de fazer sentido.

A morte anunciada da comemoração anticomunista incomodou profundamente os militares da reserva reunidos na diretoria do Clube Militar, que haviam publicado, no dia anterior, anúncio nos principais jornais cariocas convidando para missa em memória dos mortos da Intentona na Igreja da Santa Cruz dos Militares, no Centro do Rio. O anúncio trazia ainda, em letras grandes: "Terrorismo nunca mais", numa alusão à Comissão Especial dos Desaparecidos Políticos, que em setembro havia decidido indenizar, entre outras, as famílias de Marighella e do "traidor" Carlos Lamarca.

Abandonada pelos chefes militares, a comemoração passou a ser promovida pelo Clube Militar. Em 1998, além de membros da diretoria do Clube compareceram à cerimônia não mais que meia dúzia de oficiais da ativa e um deputado estadual. Ao final, um dos diretores confidenciou a meus assistentes de pesquisa, "infiltrados" na comemoração, que o Exército havia "esvaziado" o evento desde o governo Collor. A situação teria se agravado quando "os comunistas chegaram ao poder", disse, referindo-se ao governo FHC! Ainda segundo esse diretor, o desinteresse pela solenidade, refletido no reduzido número de presentes, devia-se a uma suposta campanha movida contra as Forças Armadas pelos meios de comunicação. Os eventos comemorativos do 31 de março, realizados pelo Clube Militar em 1999, também demonstraram a mesma combinação de radicalismo no discurso e reduzido comparecimento.

O Clube Militar não deve ser considerado, em tempos recentes, órgão representativo dos militares da ativa em assuntos de natureza política. Ele é constituído, em sua maioria, por oficiais da reserva, com pequena representação das gerações mais jovens de oficiais. Num encarte da *Revista do Clube Militar* de janeiro de 2001, o então presidente do Clube, general Ibiapina, lamentava que os índices de associação tivessem decrescido de tal forma que chegara-se ao absurdo de haver apenas 82 sócios das sete turmas formadas na Aman entre 1994 e 2000, contra 105 sócios das sete turmas mais antigas, formadas entre 1927 e 1934, apesar das baixas causadas pela passagem do tempo. "A continuar assim", conclui o general, "o Clube Militar será uma instituição em extinção."

Em 1999, talvez preocupado com a politização radical da memória do evento pelo Clube Militar, pródigo em críticas a atos do governo, inclusive ações judiciais, o Exército retomou a organização da cerimônia, através do Comando Militar do Leste. Além dos militares que compareceram compulsoriamente, havia apenas meia dúzia de curiosos, alguns turistas e banhistas. O general Gleuber Vieira, comandante do Exército (já sem o status de ministro, pois o Ministério da Defesa fora criado), não compareceu. Sua ordem do dia, lida na ocasião, dizia, num tom conciliador e que utilizava uma imagem do fluxo incessante das coisas que lembra Heráclito:

> Tempo e história são essenciais para a humanidade construir a civilização. Ninguém pode prescindir do passado. Mas olhar para trás exige entender os fatos pretéritos como oportunidade de preservar a memória e evoluir as idéias — forma eficaz de se enfrentar as imprecisas, difíceis e novas conjunturas. É fundamental, pois, compreender que tudo flui, nada persiste, nem permanece o mesmo. É com essa predisposição que o Exército recorda a Intentona Comunista de 1935. ... Não nos prendemos ao passado, voltamonos para o futuro — afinal, cada vez que entramos no rio histórico do tempo, outras são as águas que tocamos. E, assim, em que pese o fato de sermos os ven-

cedores, não desmerecemos os vencidos. ... Quando erguemos monumentos, só o fazemos para pensar profundamente a História, nunca para menosprezar oponentes ou para atiçar discórdia. Sabemos que edificar o amanhã significa semear terras férteis, jamais despertar fantasmas. É isso que nos mantém acima das ideologias, das desavenças e dos ressentimentos.

A rotina da comemoração na Praia Vermelha foi a mesma dos anos anteriores: a cerimônia é realizada de manhã cedo, junto ao monumento em homenagem aos mortos; chegam as autoridades militares, que recebem honras militares; o hino nacional é executado; pétalas de flores são jogadas do bondinho do Pão-de-Açúcar, parado sobre o monumento; familiares dos militares mortos em 1935 são cumprimentados; um locutor lê a ordem do dia do comandante do Exército; em seguida são lidos, em ordem hierárquica, os nomes dos 31 militares legalistas mortos na Intentona, intercalados por tiros de canhão; as autoridades se retiram e a cerimônia está encerrada. Se a forma do ritual permanece a mesma, o "clima" vai ficando, ano após ano, cada vez mais formal e desprovido de emoção.

Em 2001, o general Gleuber compareceu à cerimônia. Não houve chuva de pétalas, porque o bondinho estava quebrado. Toda a cerimônia não durou mais que 20 minutos, incluindo a execução do hino nacional e a salva de 31 tiros de canhão. O calor escaldante tornou-se o principal assunto entre os participantes.

O espírito de Guararapes

Desde o fim do regime militar, os militares perderam significativa força política no Brasil. Principalmente a partir de 1990, as relações entre Forças Armadas, sociedade e Estado no Brasil alteraram-se em favor do enquadramento militar à nascente democracia brasileira. A atuação dos militares durante a crise que levou ao *impeachment* de Collor; no processo de criação do Ministério da Defesa, e face ao funcionamento da Comissão dos Desaparecidos constitui marcos dessa mudança. No entanto, um aspecto que tem escapado à atenção dos pesquisadores é o fato de que o conjunto de elementos simbólicos que tem caracterizado o Exército por muitas décadas sofreu importantes modificações após a saída dos militares do centro do poder político com a Nova República. Já vimos que duas comemorações outrora importantes — a da vitória sobre a Intentona e a lembrança da "Revolução" de 31 de março de 1964 — entraram em declínio, tendendo a desaparecer. Outra estava por nascer.

Em 1994, por iniciativa do ministro do Exército, general Zenildo, foi criado o Dia do Exército, na data de realização da 1ª Batalha dos Guararapes (19 de abril de 1648). A Batalha dos Guararapes foi um evento muito importante no processo de expulsão das tropas holandesas que ocuparam a região de Pernambuco entre 1630 e 1654. Mesmo inferiorizadas numericamente, as tropas locais, compostas por unidades de brancos, negros e índios, e recorrendo a táticas de guerra irregular (ou de guerrilhas), derrotaram um inimigo superior em número e mais bem equipado.

A idéia central da nova comemoração é que em Guararapes teriam nascido ao mesmo tempo a nacionalidade e o Exército brasileiros. A força simbólica do evento é reforçada pela presença conjunta das três raças vistas como constitutivas do povo brasileiro — o branco, o negro e o índio. Além disso, ao contrário das comemorações da Intentona e de 1964, não se trata aqui de um "inimigo interno" a ser enfrentado, mas de invasores estrangeiros.

Na época da batalha, o Brasil ainda não era uma nação independente: esteve sob domínio espanhol entre 1580 e 1640, retornando em seguida à condição de colônia portuguesa. No entanto, a metrópole pouco se envolveu na luta, ficando a tarefa de expulsar os holandeses por conta quase que exclusivamente da "gente da terra", visão que alimentou por mais de dois séculos o imaginário do nativismo pernambucano. Não me detenho na questão. Ressalto aqui apenas que o imaginário operou, através do tempo, diferentes seleções e leituras dos elementos históricos, e que guardou em seu bojo algum grau de disputa entre diferentes versões, embora tenham existido também pontos consensuais, de referência e evocação obrigatórios. Houve, por exemplo, variação a respeito de quais seriam os principais heróis a serem lembrados, mas sempre esteve presente a idéia de que matrizes "raciais" formadoras da população colonial brasileira estiveram representadas nos diferentes grupos de combatentes. Do mesmo modo, diferentes memórias do evento costumam deixar de lado os chefes militares que combateram a primeira parte da guerra, chamada "de resistência", perdida frente aos invasores, bem como aqueles que não eram nascidos nem moravam em Pernambuco antes da ocupação holandesa. A realidade demográfica da mestiçagem também é freqüentemente esquecida, como se as três "raças" vivessem segregadas — não há, por exemplo, um herói mestiço, embora exista um "traidor" mestiço: Calabar.

A versão hoje oficialmente apresentada pelo Exército a respeito dos principais líderes celebra cinco "Patriarcas do Exército": o comandante-em-chefe do exército restaurador entre 1648 e 1654, Francisco Barreto de Menezes; o reinol João Fernandes Vieira; o "mazombo" (morador branco nascido no Brasil) André Vidal de Negreiros; o índio Antônio Felipe Camarão; e o negro Henrique Dias. Eles seriam "os mais remotos ancestrais dos homens e das mulheres que hoje envergam o uniforme verde-oliva, sendo dignos, portanto de figurar, em galeria, ao lado dos insignes *Patronos* da Força". Além desses cinco patriarcas, aparece também com grande relevo a figura de Antônio Dias Cardoso. Na batalha, ele era subcomandante do "terço" de Fernandes Vieira, o maior e mais bem preparado de todos, ao qual foi confiada a principal frente de combate. Representado como o "mestre da emboscada" devido à utilização bem-sucedida de táticas semelhantes às missões das atuais tropas de comandos, Antônio Dias Cardoso virou patrono do Batalhão de Forças Especiais do Exército, unidade sediada no Rio de Janeiro.

A leitura que o Exército faz atualmente do episódio é, em grande medida, marcada pelas várias narrativas disponíveis sobre o evento, mas com ênfases e motivos específicos. O ponto principal dessa versão é que em Guararapes nascia o próprio Exército. O decreto presidencial de 24 de março de 1994 que instituiu o Dia do Exército afirma que "o Exército Brasileiro possui suas raízes fincadas na região dos Guararapes, fato consagrado pela historiografia militar do Brasil". Na exposição de motivos que fora enviada ao presidente pelo ministro do Exército de então, o general Zenildo, a justificativa era de que:

> Tendo em vista que a gênese da nacionalidade brasileira brotava em Guararapes, quando, em 1645, as três raças formadoras de nossa gente firmaram um pacto de honra, assinando célebre proclamação, em que aparece, pela primeira vez, o vocábulo PÁTRIA, razão pela qual foi constituída, militarmente, uma tropa que passou a ser chamada de Exército Libertador ou Patriota, e que tal fato consagrou-se com a 1ª Batalha de Guararapes, travada em 19 de abril de 1648, constituindo importante fator para a formação do Exército Brasileiro; ... é de todo interesse para a Instituição que o dia 19 de abril seja transformado em

data máxima para o Exército Brasileiro, em virtude dos feitos realizados em Guararapes, culminando com o nascimento do nosso glorioso Exército.

A página na internet criada pelo Exército em 1998, para as comemorações dos 350 anos da batalha apresenta Guararapes como "Berço da Nacionalidade e do Exército Brasileiro" e seus heróis como representantes das "três raças formadoras da essência do povo brasileiro". E também: "Prodígio de criatividade, ousadia e bravura, a 1ª Batalha dos Guararapes é mais do que um memorável feito militar de nossos antepassados. Neste duelo, em que o Davi caboclo abateu o Golias estrangeiro, assentam-se as raízes da Nacionalidade e do Exército brasileiros, que caminham juntos há 350 anos."

Quatro idéias centrais aqui se destacam. Primeiro, a de um vínculo indissolúvel entre o Exército e a nacionalidade brasileira. Os combatentes "plantaram as sementes de duas instituições permanentes e indissolúveis: a nação e o Exército Brasileiro". O texto fala em "sementes" porque, de fato, em 1648 não havia ainda uma "nação brasileira" nem um "Exército brasileiro" — que só passariam a existir com a Independência, ocorrida 174 anos depois. Além disso, de Guararapes não resultou a constituição de nenhuma unidade militar que tivesse, do ponto de vista institucional, continuidade histórica com qualquer unidade do atual Exército Brasileiro. Esses fatos são deixados de lado no mito criado pelo Exército em torno do evento, cuja força provém da continuidade de um "espírito de Guararapes", marcando o entrelaçamento simbólico de duas "instituições permanentes e indissolúveis": o Exército e a nação.

Outra idéia central é a de que o Exército é composto pelas "três raças formadoras da essência do povo brasileiro." A foto do cartaz oficial comemorativo dos 350 anos da batalha traz a imagem de três soldados do Exército atual, representando as três raças, pairando sobre o tradicional quadro de Victor Meirelles retratando a batalha (imagem13).

Em terceiro lugar, diferentemente das comemorações da Intentona e de 1964, Guararapes é uma luta contra estrangeiros. Nas comemorações de 1935 e de 1964 sempre se fez referência a "ideologias exóticas", mas o apelo da luta em condição de inferioridade contra um poderoso invasor estrangeiro é, hoje, muito mais mobilizador e "politicamente correto".

Finalmente, vale a pena assinalar que a vitória foi obtida contra um inimigo considerado militarmente mais poderoso. O Davi caboclo abate o Golias estrangeiro após uma longa guerra de "resistência", baseada principalmente em táticas de "guerrilha". Será fácil associar essa representação com a da luta contra a "cobiça internacional" sobre a Amazônia e a recente "doutrina da resistência" desenvolvida pelo Exército. O estudo oficial que serviu de base para a criação do Dia do Exército Brasileiro, feito pelo Centro de Documentação do Exército em 1994, já destacava o fato de que a vitória contra "um inimigo muito superior" teria sido alcançada "combinando táticas de guerrilha e emboscada". Com isso, além de "modeladores da nacionalidade", os bravos de Guararapes teriam sido também inovadores na arte militar, dando nascimento à doutrina militar brasileira.

O mesmo estudo destacava a oportunidade de se estabelecer essa nova data cívica, "máxime na atualidade [1994], quando, infelizmente, fatos e valores de nossas mais caras tradições cívicas são vilipendiados e propositadamente deturpados por maus brasileiros". O documento menciona também, como argumentos desfavoráveis, "a possibilidade de certo esvaziamento" do Dia de Caxias e a coincidência com o Dia do Índio e com o aniversário de Getúlio Vargas, "o que poderia servir para explorações políticas e maliciosas dos eventos programados pelo Exército". Esses elementos, no entanto, poderiam ser neutralizados por uma campanha através dos meios de comunicação de massa e de instruções às unidades militares no sentido de que "não se empane o brilhantismo das comemorações do aniversário do duque de Caxias e respectiva semana".

A respeito da criação do Dia do Exército, entrevistei seu principal "empresário", o general Zenildo. A iniciativa, segundo ele, foi bem aceita no Exército. Pernambucano de nascimento, Zenildo lembra-se de um professor de colégio que costumava levá-lo a sítios históricos do estado, incluindo o de Guararapes. Faz questão de enfatizar que apenas consolidou um sentimento já existente, pois "todos acreditavam que ali nascera a nossa instituição, ali estão as raízes do Exército brasileiro". Lembra que, ao retornar da Itália em 1945, o marechal Mascarenhas de Moraes, comandante da Força Expedicionária Brasileira, fez questão de visitar o sítio de Guararapes (imagem 12). Na região existe desde 1950 o Regimento Guararapes, uma das primeiras unidades militares brasileiras a receber designação histórica, e em 1971 foi criado o Parque Histórico Nacional dos Guararapes, atualmente sob administração do Exército.

O general Zenildo acha natural que as comemorações da Intentona e de 1964 estejam perdendo força. Lembra que nos seus tempos de tenente no Regimento Andrade Neves ainda se comemoravam as batalhas da Guerra do Paraguai: "Não se pode comemorar Tuiuti mais de 100 anos depois. As coisas têm que progredir". Mas, pergunto eu, não se passou a comemorar agora Guararapes, que ocorreu 218 anos antes de Tuiuti? "Guararapes é o nascimento do Exército", responde o general. Além disso,

> tem uma simbologia especial como a desse problema das três raças — e há uma sintonia com o Exército. Se olharmos uma formatura da Academia Militar, vê-se como ela é multicor, não há preconceitos. Isso é importante para demonstrar o sentido popular, democrático, do Exército. Então, recuperamos essas imagens de Felipe Camarão, de Matias de Albuquerque, do Vidal de Negreiros, dos chefes militares da Restauração Pernambucana. ... Guararapes foi a união das três raças, a primeira reação do povo brasi-

leiro, a primeira ação do Exército como uma instituição, representa nossas raízes.

Até surgir a comemoração de Guararapes com o Dia do Exército, a principal comemoração do Exército havia sido a de Caxias com o Dia do Soldado. Agora, abrem-se três possibilidades: a de que, com o tempo, o Dia do Soldado deixe de ser a principal comemoração do Exército e seja ofuscada pelo Dia do Exército (risco apontado, como vimos, pelo estudo do Exército que subsidiou a criação da data); outra, que o Dia do Exército não "pegue" e seja aos poucos abandonado; ou, ainda, que as duas comemorações continuem lado a lado, com a mesma importância.

Acredito, baseado em alguns indícios, que a comemoração de Guararapes deverá terminar prevalecendo sobre a de Caxias como festa maior do Exército. Com a criação do Dia do Exército, a principal condecoração da instituição, a Ordem ao Mérito, passou a ser entregue nessa data. Antes, ela era entregue no Dia do Soldado. Em compensação, a Medalha do Pacificador, que era entregue no Dia da Bandeira, passou a ser entregue no Dia do Soldado — o que é mais apropriado, pois a medalha se refere justamente a Caxias. A Semana do Exército, que correspondia à semana em que caía o nascimento de Caxias, foi também deslocada para a semana da comemoração da Batalha dos Guararapes. Além disso, a criação do Dia do Exército levou à adoção de uma nova cronologia para a instituição. A ordem do dia do general Gleuber Vieira, feita em 19 de abril de 2000 diz que, naquela data, o Exército Brasileiro completava 352 anos! (A esse respeito, alguns oficiais me disseram que uma das motivações do general Zenildo para a criação do Dia do Exército ligado a Guararapes talvez tenha sido tentar tornar a instituição oficialmente mais antiga do que a Marinha, algo importante em face da criação do Ministério da Defesa, que se avizinhava.)

A consolidação e o fortalecimento da comemoração de Guararapes também devem ocorrer devido à facilidade com que ela se liga às representações militares sobre a Amazônia. Essa região tem assumido crescente importância estratégica para os militares brasileiros, em particular para o Exército, nas últimas décadas. Em função disso, aumentou o efetivo militar na Amazônia e foram implantados grandes projetos, como Sistema de Vigilância Aérea da Amazônia (Sivam) e o Calha Norte, de "vivificação" da fronteira amazônica através, entre outros aspectos, do aumento da presença militar. Como pano de fundo de longa duração histórica, temos a percepção militar da existência de ameaças à soberania nacional decorrentes de uma "cobiça internacional" de países mais ricos e poderosos sobre a Amazônia que poderia levar, no limite, ao risco de sua internacionalização.

Uma placa localizada na entrada do Comando Militar da Amazônia, em Manaus, torna explícita a ligação que tem sido construída entre Guararapes e a Amazônia (imagem 15). A continuidade com o passado é afirmada através das frases "Fizemos ontem... faremos sempre" e "Guararapes... e surgiu o Exército". A campanha de expulsão dos holandeses é assim caracterizada: "Uma eficiente campanha de emboscadas foi o expediente usado pelo povo em armas para derrotar o poderoso invasor." Escolhida para compor uma placa que alude à Amazônia, a referência à "campanha de emboscadas" de Guararapes remete implicitamente à "doutrina da resistência" que tem sido desenvolvida nos últimos anos pelo Exército. Essa doutrina militar, vista como autenticamente brasileira, consiste, basicamente, na utilização de estratégias e táticas de guerra irregular, de guerrilha, como as emboscadas de Guararapes, contra um eventual inimigo de maior poderio bélico — "o poderoso invasor". Essa ameaça realça a força de Guararapes como "exemplo e tradição que serão mantidos na defesa da Amazônia". Em destaque no cartaz, o grito de guerra: "Tudo pela Amazônia!"

Conclusão

Chegamos assim ao final de nosso percurso por alguns dos principais rituais, cerimônias e símbolos do Exército nos últimos 80 anos. Espero ter ficado clara a importância de perceber a *historicidade* dessas comemorações, estudando-as em seu processo de criação, desenvolvimento e transformação ou eventual desaparecimento.

Desde pelo menos o estudo clássico de Durkheim sobre *As formas elementares da vida religiosa* (1912), podemos descartar a idéia de que rituais são fenômenos acessórios e superficiais. Ao contrário, eles passam a ser vistos como elementos essenciais à existência de qualquer grupo. Não basta que os indivíduos pensem que fazem parte de uma determinada coletividade: é preciso agir, e agir em comum. É preciso também *comemorar* — lembrar em conjunto. Através dos rituais, as crenças tornam-se efetivamente sociais para seus participantes. É a repetição regular e coletiva dos rituais que cria e recria a própria coletividade enquanto tal, renovando em seus participantes o sentimento de pertencerem a algo em comum — no caso, o Exército Brasileiro.

Rituais como os examinados estabelecem *narrativas* sobre pessoas ou eventos, comunicando-as a seus participantes através de performances coletivas. Para tanto, utilizam uma linguagem tanto verbal quanto não-verbal (gestos, posições corporais e expressão de certos sentimentos). São momentos vistos como distintos dos eventos cotidianos, mais formalizados, intensos e pretensamente menos variáveis. Por isso, tornam-se vias privilegiadas para compreender a "cosmologia" de determinado grupo.

Não podemos compreender adequadamente os rituais vendo-os como meros reflexos e determinações de um plano anterior ou infra-estrutural da realidade, ou como estruturas fora do tempo, analisáveis exclusivamente em seus próprios termos. É preciso inserir o *texto* ritual no *contexto* histórico e cultural em que é atualizado e com o qual dialoga. Além disso, não devemos ver os rituais apenas em sua dimensão intelectual (como algo "bom para pensar") ou em sua dimensão performativa (como algo "bom para agir"). Eles são as duas coisas: são bons para pensar *e* bons para agir.

O passado que é comemorado em rituais e cerimônias como as que examinamos é o resultado de seleções que privilegiam certas narrativas em detrimento de outras. Além disso, a memória que esses rituais celebram não é simples narrativa sobre eventos e personagens que habitam um passado muitas vezes remoto, nem fruto de um mero interesse de antiquário: ela estabelece uma relação *presente* com o passado. Através da *re-presentação* do passado, a narrativa torna-se novamente presente, o evento mítico torna-se contemporâneo: Caxias, a vitória sobre a Intentona, o espírito de Guararapes. Desse modo, os significados atribuídos dialogam com o contexto histórico em que se desenvolvem. Não basta examiná-los "em si", descolados do tempo histórico: é apenas nele que podem ser apropriadamente compreendidos.

O caráter cíclico e repetitivo das comemorações reforça essas narrativas, dotando-as de uma aura de verdade histórica. Esse não é, no entanto, um processo sem conflitos. No caso do Exército brasileiro, pudemos acompanhar como os rituais podem sofrer contestação, enfraquecer-se e, eventualmente, morrer. Algumas narrativas dispõem de recursos de poder, utilizados na tentativa de impor-se em relação a outras, tornando-se, nesse sentido, "oficiais". No entanto, elas podem ser interpretadas de forma diferente pelos indivíduos — com aceitação, indiferença ou mesmo rejeição.

Como vimos, os conteúdos atribuídos às diferentes comemorações do Exército variaram no decorrer do tempo. No entanto, para além das diferenças, há um elemento que se buscou sempre reafirmar no plano simbólico: a existência de vínculos indissolúveis entre Exército e nação brasileira. A criação do Dia do Exército ligado a Guararapes é apenas o exemplo mais recente da tentativa de se atualizar, em um novo contexto histórico, esse valor supremo.

Cronologia

1879 Morre Osório.

1880 Morre Caxias.

1889

15 nov Golpe liderado por uma parte do Exército instaura a República no Brasil.

1894 Inauguração da estátua de Osório.

1899 Inauguração da estátua de Caxias.

1901

15 nov O presidente Campos Sales baixa decreto criando a medalha do mérito militar e fixando sua data de entrega no aniversário da Batalha de Tuiuti.

1902

24 mai Realiza-se pela primeira vez a cerimônia comemorativa de Tuiuti, diante da estátua de Osório.

1922

5 jul Primeira revolta do ciclo "tenentista", que se repetiria dois anos depois.

1923 O ministro da Guerra institui a Festa de Caxias, a

ser celebrada anualmente em seu aniversário de nascimento, 25 de agosto.

1925 O dia de nascimento de Caxias passou a ser oficialmente comemorado pelo Exército como Dia do Soldado. Caxias aparece também como patrono da turma de oficiais formada na Escola Militar do Realengo.

1930 Com a vitória da Revolução de 1930, o coronel José Pessoa assume o comando da Escola Militar, onde permanece até 1934. Nesse período, reintroduz o título de "cadete" e inova ao criar "tradições" como o espadim de Caxias, os novos uniformes "históricos" e o brasão da escola. José Pessoa luta também pela mudança do nome e da localização da escola.

1935 Em novembro é derrotada uma revolta comunista que estoura em Natal, Recife e no Rio, e que passaria a ser conhecida como Intentona Comunista.

1936

27 nov Realizada, no Cemitério São João Batista, uma celebração em memória das vítimas da Intentona que se repete anualmente desde então.

1937 Instaurada a ditadura do Estado Novo, que vigora até 1945.

1940 Osório aparece como Patrono da Cavalaria no livro *Chefes da Cavalaria brasileira*, de José Pessoa. É inaugurado um mausoléu em memória aos militares legalistas mortos na Intentona, onde são reunidos os restos mortais de 31 oficiais e praças.

1944 Conforme imaginara José Pessoa, a Escola Militar é transferida para Resende, recebendo em 1951 o nome atual de Academia Militar das Agulhas Negras.

1949 O novo prédio do Ministério da Guerra, localizado na avenida Presidente Vargas, Centro do Rio, é nomeado Palácio Duque de Caxias. A estátua de Caxias, que estava no Largo do Machado, e seus restos mortais foram transferidos para o Panteão construído na frente do prédio.

1964 Golpe militar inaugura período de 21 anos de governos militares.

1968 A comemoração da Intentona passa a ocorrer na Praia Vermelha, para onde são transferidos o monumento e os restos mortais que estavam no Cemitério São João Batista.

1990 Fernando Collor é o primeiro presidente da República a não comparecer à comemoração do 27 de Novembro.

1994 Por iniciativa do ministro do Exército, general Zenildo, é criado o Dia do Exército, no aniversário da 1ª Batalha dos Guararapes (19.4.1648).

Referências, fontes e sugestões de leitura

• Sobre a noção de "invenção das tradições", ver o livro de mesmo título organizado por Hobsbawm e Terence Ranger (Paz e Terra, 1984). Para a idéia de que a cultura é permanentemente "inventada", ver Roy Wagner, *The Invention of Culture* (Univ. of Chicago Press, 1981). Minha perspectiva a esse respeito é também profundamente influenciada pelas obras de Georg Simmel e Clifford Geertz. Especificamente em relação à análise de comemorações, foi importante a leitura de *Commemorations: The Politics of National Identity*, organizado por John R. Gillis (Princeton UP, 1996). Para o caso brasileiro, devo destacar José Murilo de Carvalho, *A formação das almas. O imaginário da República no Brasil* (Companhia das Letras, 1990). Para a visão de ritual utilizada aqui, ver principalmente Stanley Tambiah, *Culture, Thought, and Social Action. An Anthropological Perspective* (Harvard UP, 1985). Para uma visão geral sobre a análise antropológica de rituais, ver capítulo de Mariza Peirano em *O dito e o feito*, por ela organizado (Relume-Dumará/NuAP, 2002).

• Sobre o Exército no período 1889-1945, são referências obrigatórias dois textos de José Murilo de Carvalho: "As Forças Armadas na Primeira República: o poder desestabilizador" (*História Geral da Civilização Brasileira* 9, Difel, 1978) e "Forças Armadas e política, 1930-1945" (*A Revolução de 30, seminário realizado pelo CPDOC/FGV*. UnB, 1983). Sobre as estátuas de Osório e Caxias foram consultados jornais de época e um texto inédito de Adriana Barreto de Souza, "Osório e Caxias: os heróis militares que a República manda guardar". As informações sobre as comemorações militares de Tuiuti, Dia do Soldado e Intentona Comunista são provenientes de pesquisa nos jornais *Correio da Manhã*, *Jornal do Brasil*, *A Noite* e *O Globo*. A citação de Eugênio Vilhena de Morais (p.16) foi retirada de *A Noite*, 25.8.1923.

• As reminiscências de Aurélio de Lyra Tavares sobre a escolha de Caxias como patrono do Exército estão em dois artigos seus publicados na *Revista do Clube Militar*: "Uma sugestão sobre o culto a Caxias" (n.132, 1954) e "A instituição dos patronos; reminiscências" (n.277, 1986). O trecho de Fernando Setembrino de Carvalho (p.20) está em seu livro *Memórias. Dados para a história do Brasil* (s/ed, 1950). A ordem do dia do general comandante da 1ª Brigada do Exército (p.22) foi publicada em *A Defesa Nacional* n.153 (1926) e republicada no n.201 (set 1930). Sobre o mesmo assunto, ver também o editorial do n.197 (mai 1930). A opinião de José Murilo de Carvalho sobre o culto a Caxias encontra-se em seu livro *A formação das almas*, acima citado. O estudo do coronel da reserva J.B. Magalhães sobre o patronato do

Exército foi publicado originalmente no *Jornal do Comércio*, 10.8.1947. As ênfases da citação estão no original.

• Sobre a conferência promovida pelo Ministério da Educação e Saúde (p.25), ver Arquivo Gustavo Capanema, CPDOC/FGV, GC/g 35.09.26, doc. II-2. As palavras de Góis Monteiro (p.26) foram publicadas no *Correio da Manhã* de 25.8.1934. A ordem do dia do general Newton Cavalcanti (p.27) está em *A Defesa Nacional* n.280 (set 1937). O discurso do cadete Otávio Pereira da Costa (p.29) foi publicado na *Revista da Escola Militar* n.44 (ago 1940). Sobre a escolha de Sampaio como patrono da Infantaria, ver Paulo de Queiroz Duarte, *Sampaio* (Bibliex, 1988) e vários pequenos artigos publicados na *Revista da Escola Militar* e em *A Defesa Nacional* entre 1931 e 1942.

• Para uma análise mais detalhada da reforma da Escola Militar, ver Celso Castro, "Inventando tradições no Exército brasileiro: José Pessoa e a reforma da Escola Militar" *Estudos Históricos* 14 (1994). Minha pesquisa sobre a construção do "espírito" das diferentes Armas do Exército (p.30) foi publicada como *O espírito militar: um estudo de antropologia social na Academia Militar das Agulhas Negras* (Jorge Zahar, 1990, especialmente o cap.2). A distinção entre o "Exército de Caxias" e o "Exército da FEB" (p.34) está em *Depoimento de oficiais da reserva sobre a FEB* (s/ed, 2ª ed., 1949). Sobre a interpretação da estátua de Zumbi como antagônica à de Caxias, ver Mariza de Carvalho

Soares, "Nos atalhos da memória — Monumento a Zumbi", in *Cidade vaidosa: Imagens urbanas do Rio de Janeiro* (org. Paulo Knauss, Sette Letras, 1999).

• A principal fonte dos dados sobre a reforma da Escola Militar é o arquivo pessoal de José Pessoa (CPDOC/FGV). Há vários dossiês de documentos referentes à Escola Militar e ao ensino militar, além dos originais da autobiografia não-publicada *Diário da minha vida*, terminada provavelmente em 1953 (código JP/dv 53.00.00; as pastas III e IV referem-se à Escola Militar). As referências detalhadas podem ser consultadas em meu artigo "Inventando tradições...", acima citado. Para uma biografia de José Pessoa, ver Hiram de Freitas Câmara, *Marechal José Pessoa: a força de um ideal* (Bibliex, 1985). O artigo de Mário Travassos (p.44) foi publicado na *Revista da Escola Militar* de 1931.

• O livro de Ferdinando de Carvalho, *Lembrai-vos de 35!* (Bibliex, 1981), reproduz muitas ordens do dia militares alusivas à cerimônia da Intentona no período de 1936 a 1980, além de discursos e artigos sobre a revolta. Também foi feito um levantamento exaustivo de como a comemoração era noticiada nos principais jornais do Rio, ano a ano; as informações sobre o período 1996-2001 provêm de observação direta da cerimônia. Sobre o anticomunismo no período 1917-1964, ver o livro de Rodrigo Patto Sá Motta, *Em guarda contra o perigo vermelho. O anticomunismo no Brasil (1917-1964)* (Perspectiva/Fapesp, 2002).

• Os trechos dos pronunciamentos de Dutra e de Vargas sobre a Intentona em 1937 foram retirados de *As vítimas dos atentados comunistas de 1935* (Secretaria Geral do Ministério da Guerra, Imprensa Nacional, 1941). A carta enviada pelo ministro da Guerra ao presidente, declarando inaceitável uma possível comemoração comunista da revolta de 1935, foi publicada no *Correio da Manhã* de 27.11.1946.

• O depoimento do general Tinoco (p.63) e a entrevista do general Zenildo (p.74) foram concedidos a Maria Celina D'Araujo e a mim, no CPDOC, entre julho e agosto de 1998 e março e maio de 1999, respectivamente. O depoimento do brigadeiro Gandra (p.64) está reproduzido em Celso Castro e Maria Celina D'Araujo (orgs.), *Militares e política na Nova República* (FGV, 2001).

• Para o imaginário construído em torno da luta de expulsão dos holandeses do Nordeste, ver Evaldo Cabral de Mello, *Rubro Veio. O imaginário da restauração pernambucana* (Topbooks, 2ª ed., 1997). Para a versão oficial do Exército sobre Guararapes, ver http://www.exercito.gov.br.

Sobre o autor

Celso Castro nasceu no Rio de Janeiro em 1963. Diretor da Escola de Relações Internacionais (FGV/RJ) e da Escola de Ciências Sociais (FGV/CPDOC), de onde é professor titular, tem mestrado e doutorado em antropologia social pelo Museu Nacional da Universidade Federal do Rio de Janeiro (UFRJ).

Pela Zahar, publicou *O espírito militar: um estudo de antropologia social na Academia Militar das Agulhas Negras* (1990, 2004, 2021), *Os militares e a República: um estudo sobre cultura e ação política* (1995) e *A Proclamação da República* (2000). É também diretor da coleção "Nova Biblioteca de Ciências Sociais", desta editora.

Coleção Descobrindo o Brasil

direção: Celso Castro

A modernização da imprensa (1970-2000)
Alzira Alves de Abreu

O Brasil no império português
Janaina Amado e Luiz Figueiredo

Os intelectuais da educação
Helena Bomeny

A era do rádio
Lia Calabre

A invenção do Exército brasileiro
A proclamação da República
Celso Castro

O Estado Novo
Maria Celina D'Araujo

A belle époque amazônica
Ana Maria Daou

O livro e a leitura no Brasil
Alessandra El Far

O pensamento nacionalista autoritário
Boris Fausto

Os índios antes do Brasil
Carlos Fausto

Os brasileiros e a Segunda Guerra Mundial
Francisco César Ferraz

Rebeliões no Brasil Colônia
Luciano Figueiredo

Palmares, ontem e hoje
Pedro P. Funari e Aline V. Carvalho

A arte rupestre no Brasil
Sambaqui: arqueologia do litoral brasileiro
Madu Gaspar

As formas do espaço brasileiro
Pedro Geiger

Cidadania e direitos do trabalho
Angela de Castro Gomes

Negros e política (1888-1937)
Flávio Gomes

Código Civil e cidadania
Keila Grinberg

Como falam os brasileiros
Yonne Leite e Dinah Callou

Uma viagem com Debret
Valéria Lima

O nascimento da imprensa brasileira
Isabel Lustosa

Escravidão e cidadania no Brasil monárquico
Hebe Maria Mattos

Os evangélicos
Clara Mafra

O sindicalismo brasileiro após 1930
Marcelo Badaró Mattos

O período das Regências (1831-1840)
Marco Morel

Da Bossa Nova à Tropicália
Santuza Cambraia Naves

Arqueologia da Amazônia
Eduardo Góes Neves

O Brasil dos imigrantes
Lucia Lippi Oliveira

Política externa brasileira
Leticia Pinheiro

Ditadura militar, esquerdas e sociedade
Daniel Aarão Reis

A Independência do Brasil
Iara Lis C. Souza

Partidos políticos no Brasil (1945-2000)
Rogerio Schmitt

O Império em procissão
Lilia Moritz Schwarcz

Modernismo e música brasileira
Elizabeth Travassos Lins

A fotografia no Império
Pedro Karp Vasquez

Brasil de todos os santos
Ronaldo Vainfas e Juliana Souza

ESTA OBRA FOI COMPOSTA POR TOPTEXTOS EDIÇÕES GRÁFICAS EM ADOBE GARAMOND
E ROTIS SEMI SANS E IMPRESSA EM PROCESSO SOB DEMANDA PELA UM LIVRO
SOBRE PAPEL OFFSET PARA A EDITORA SCHWARCZ A PARTIR DE 2025

FSC®
www.fsc.org
MISTO
Apoiando o manejo florestal responsável
FSC® C128038

A marca FSC® é a garantia de que a madeira utilizada na fabricação do papel deste livro provém de florestas que foram gerenciadas de maneira ambientalmente correta, socialmente justa e economicamente viável, além de outras fontes de origem controlada.